开发区与城市互动发展问题研究

Research on Mutual Development of
Cities and Development Zones

张洁妍　著

Development zones
City interaction

中国社会科学出版社

图书在版编目（CIP）数据

开发区与城市互动发展问题研究／张洁妍著 .—北京：中国社会科学出版社，2021.2
ISBN 978 – 7 – 5203 – 8779 – 8

Ⅰ. ①开… Ⅱ. ①张… Ⅲ. ①经济开发区—城市发展—研究—中国 Ⅳ. ①F299.2

中国版本图书馆 CIP 数据核字（2021）第 144070 号

出 版 人	赵剑英	
责任编辑	王 衡	
责任校对	王 森	
责任印制	王 超	

出　版	中国社会科学出版社
社　址	北京鼓楼西大街甲 158 号
邮　编	100720
网　址	http://www.csspw.cn
发 行 部	010 – 84083685
门 市 部	010 – 84029450
经　销	新华书店及其他书店
印　刷	北京明恒达印务有限公司
装　订	廊坊市广阳区广增装订厂
版　次	2021 年 2 月第 1 版
印　次	2021 年 2 月第 1 次印刷
开　本	710×1000　1/16
印　张	11.75
插　页	2
字　数	153 千字
定　价	68.00 元

凡购买中国社会科学出版社图书，如有质量问题请与本社营销中心联系调换
电话：010 – 84083683
版权所有　侵权必究

前　　言

开发区是中国改革开放以来实现快速工业化和城镇化的重要途径，经过四十多年的发展，已经成为驱动区域经济增长，促进人口和产业集聚，发挥创新溢出效应以及扩大对外开放的重要平台。作为一种产业组织形式和区域空间形态，开发区的形成、演化与城市密不可分。一方面，城市在开发区的形成和发展过程中起到了激励、扶持和支撑作用，是开发区建设的有力后盾；另一方面，开发区作为中国快速工业化和城市化的助推器，也推动了城市规模扩张、产业结构和空间结构调整以及城市功能升级。

当前世界经济进入后金融危机时代，新一轮经济贸易结构调整以及金融改革成为复苏经济的主题，科技创新和产业结构调整成为在激烈的国际竞争中获胜的关键。受国际政治经济大环境影响，以及国内经济发展的阶段性和结构性调整影响，中国的经济进入新常态，面临速度调整、结构优化和动力转换的多重任务。新的国际国内形势迫切要求通过新型工业化和城镇化建设，驱动经济增长、结构转型。作为工业化和城镇化的产业和空间载体，开发区与城市的发展关系到提升中国参与国际竞争与合作的整体实力以及深化改革与开放、调整经济结构和增长方式的成败。尽管开发区与城市在发展过程中逐渐增强联系和互动，使得两者逐渐打破空间界线，实现产业和城市功能融合，但两者在互动过程中仍然存在着很多新的问题和挑战，如何在复杂多变的国内外政治经济环境下，实现开发区与城市的良性互动和健康发展成为亟待解决的重要议题。新形势下，国内外对于开发区与城市的互动关系的理论和实践研究都有待于进一步深化，迫切需要通过对两者互动关系的一般性规律分析和实践经验总结，构建开发区与城市互动的理论体系，并用来指导发展中的开发区与城市互动融合实际工作。

本书尝试以开发区与城市互动关系的形成、演化及运行机制为突破口，运用种群生态学和系统动力学等基本原理和分析方法，建立开发区与城市互动发展的理论框架，并针对典型开发区与城市互动发展的实践案例，归纳总结两者互动发展的不同方式和实现路径，为推动各类开发区与城市良性互动提出相应的对策建议。

全书分为七个章，各章内容如下：第一章为绪论。本章主要分析开发区与城市互动发展的选题背景、研究意义及国内外研究现状，即在经济全球化背景下的产业升级和城市扩张，新常态背景下的新型城镇化和工业化建设、区域开发开放新格局背景下的开发区转型升级以及创新创业潮流引领下的开发区腾笼换鸟等宏观经济大背景下，研究开发区与城市的互动发展问题，寻求新型城镇化和新型工业化建设的良性互动之路。对开发区与城市发展的国内外研究现状进行梳理和述评，明确研究内容和方法，总结研究的创新点和不足之处。

第二章为相关概念和基础理论研究。本章主要分为两部分：第一部分对开发区的内涵、类型和功能进行界定，分析了各类开发区的发展历程和现状；第二部分总结和归纳了开发区形成及与城市互动发展的基础理论，利用区位理论、增长极理论和产业集群理论对开发区的设立进行阐述，利用城市生命周期理论、竞合理论和系统论对开发区与城市互动关系的形成和发展进行阐述。

第三章为开发区与城市互动关系演化进程及机理分析。本章首先对开发区形成和发展的历史逻辑进行分析，从开发区形成的历史背景和历史条件入手研究，认为开发区是在经济全球化和新技术革命以及中国改革开放政策的共同影响下，受区位条件、要素禀赋和政策驱动多重作用形成的具有中国特色的时代产物；其次，把开发区和城市互动关系的形成和演化阶段分成分离竞争的互动生成阶段、竞争合作的互动成长阶段以及融合共生的互动成熟阶段；最后，利用生态竞合模型，对两者的互动演化机理进行模型阐释。

第四章为开发区与城市互动发展的动力及运行机制分析。本章引入系统动力学方法，首先对开发区—城市互动系统的动力因子进行分析，认为政府、企业、市场和创新是驱动两者互动发展的必要动力；其次利用对系统动力因子的分析，建立系统因果反馈回路和系统流图，为进一步的系统仿真模拟奠定基础；最后选取开发区与城市的互动典型——广州开发区—城市系统，对两者的互动发展路径和趋势进行仿真分析。

第五章为开发区与城市互动发展的实践实例分析。本章分别选取了国家级经济技术开发区、国家级高新技术产业开发区和国家级边境技术开发区三类典型，即广州经济技术开发区、南京高新技术产业开发区和珲春国际合作示范区，分析开发区与城市及区域的不同互动方式，包括工业化和城镇化带动的开发区与城市互动发展方式、创新创业驱动的开发区与城市互动发展方式以及边境腹地联动的开发区与城市互动发展方式。此外，以吉林省为例，探讨了以产业群—开发区群—城市群联动设立自由贸易试验区推动开发区与城市互动发展的未来方向。

第六章为推动开发区与城市良性互动的发展战略分析。本章首先对开发区与城市良性互动的道路进行探讨，认为受区位条件、资源要素禀赋、空间特征以及经济发展水平等影响，开发区与城市的互动发展道路可分为以产城融合构建城市新区、开发区群落整合与城市互补以及开发区群落与城市群落跨区域联动三类。然后对开发区与城市的良性互动提出相应的政策建议：打造新兴、特色产业集群，提升区域竞争力；实施创新驱动战略，建立区域创新体系；大力发展第三产业，构建现代服务业体系；完善基础设施建设和配套服务，提升城市功能；深化体制机制改革，推动开发区与城市一体化发展；注重生态环保，打造宜居宜业的生产生活环境。

第七章为全书总结。本章总结全书的主要结论和进一步研究的方向。

Preface

Since China initiated its reform and opening up, development zones have played a crucial role in promoting its industrialization and urbanization. The past 40 years has witnessed these areas serve as central platforms for driving regional economic development, facilitating population and industrial cluster, giving full play to the spillover effects of innovation and further deepening reform and opening up. Emerging as a new form of industrial organization over a certain area, development zones have always been interacting closely with cities in their evolvements and growth. On the one hand, the strong support offered by cities has been of great help in the course of development zones' evolvement. Alternatively, cities also have benefited a lot from development zones in its further expansion, industrial and spatial structure upgrading to become more fully-fledged.

As the world enters the post-crisis period, a new round of economic and trade structure adjustments and financial reforms have come into the spotlight as vital driving forces for global economic recovery. At the same time, scientific and technological innovations and industrial structural upgrading have become ever more important in obtaining greater grounds amidst the fierce international competition. As a result of multiple factors including international political and economic climates, the national economic adjustments, China's economic development has entered the New Norm, which requires a more appropriate growing speed, a better industry mix and a shift to new driving engines. The current external and internal circumstances have both made it imperative that more efforts be invested in stepping up modern industrialization and urbanization to secure sound economic growth and structural transformation. China's industrialization and urbanization efforts largely depend on development zones both spatially and in terms of various industries. Therefore, fully functioning development zones have a great stake in helping China become more competitive in international cooperation and competitions. Besides, they also have a lot to offer in China's reform and economic structure upgrading as well as optimizing growth pattern endeavors. Development zones are becoming more interconnected with cities. With the spatial boundaries between the two getting less and less important, these few years have seen increasing functional integrations. However, despite this, an array of emerging problems are still confronting the interactions between cities and development zones. For instance, against the complex and ever changing external and national political and economic environments, how to achieve sound integrations and healthy developments between the two is now high on the government's agenda. Currently, theoretical and empirical studies around the world on interactions between cities and development zones are all yet to be further promoted. And it is absolutely necessary to acquire general analysis about the potential patterns that these integrations are following so as to enrich the related theory system which can offer some crucial guidance for the actual work.

Based on the fundamental principles from population ecology theory and system dynamics, this book intends to build up a theoretical framework for interactions between cities and development zones by studying the formation and further evolvement as well as the functioning mechanism of those interactions. Different patterns and development routes have also been generalized through the study of typical cases, which helps offer some constructive advice for promoting fruitful city-development zone integrations.

This book consists of seven chapters.

The first chapter is introduction, mainly dealing with why this topic has been chosen, the significance of this research and related studies around the world. After analyzing the industrial upgrading and urban expansion against the global economic integration, modern industrialization and urbanization process under the New Norm, transformation of development zones following the new layout of regional developments, innovoation and entrepreneurship has brought the development zone to a new perspective and other macroeconomic trends, this paper intends to figure out the right guidance for modern urbanization and industrialization efforts through the study of interactions between cities and development zones. In addition, chapter 1 also includes summarizations of the outcomes of the past related studies around the world and spells out the contents of this research and the methods used. Besides, the original and creative thoughts as well as the shortcomings of this paper are also talked about in this chapter.

Chapter 2 mainly talks about related concepts and the basic theories. This chapter is divided into two parts. This first one defines what development zones are, including their types and functions. It also analyzes various development zones' past evolving courses and current states. The second part summarizes the basic theories about how the development zones come into existence and how they interact with cities. Location theory, growth pole theory and industrial cluster theory are used to explain the setting up of development zones and when talking about the initiation and further developments of the interactions between development zones and cities, the life cycle of cities theory, Co-opetition theory and system theory are drawn upon.

Chapter 3 analyzes how the interactions between cities and development zones evolve and the various factors behind it. Starting from the historic backdrop against which the setting up of development zones began, this book tries to present a continuous developing course of these areas, which leads to the conclusion that it is under the influence of multiple factors including global economic integration, the new technology revolution and China's reform and opening up policies as well as each zone's particular locations, factor endowments and other policy implications that this type of organization form with clear Chinese features came into being. Then this paper divides the whole interacting process into three phases. The first one is the formation stage featuring separation and competition, the second mutual-growing stage featuring co-competition and the third mature stage which is characterized by integration. Depending on this division and drawing on the ecological and Co-opetition models, explanations are given as for how the interactions between cities and development zones progress.

Chapter 4 relates to the driving force of the city-development zone interactions and their inner mechanism. These interactions share the features of complex giant systems. In this chapter, system dynamics methods are introduced to analyze the dynamic factors in the development zone-city system, concluding that government, enterprises, market, and innovation constitute the essential driving forces behind the mutual development of the two. Then the analysis of the driving factors in the system makes it possible to build up the cause-effect feedback loop and system flow chart, paving the way for further system simulation. At last, a typical case, the Guangzhou development zone-city system, is chosen and its development route as well as future trends is analyzed through simulation.

Chapter 5 presents an empirical case study on the mutual development of cities and development zones. Locations, different types and certain levels of economic scale can all influence the interactions between cities and development zones, which therefore possesses both universality and diversity. This chapter studies three types of development zones: national-level economic development zone, national-level high and new tech development zone and frontier tech development zone. They are Guangzhou economic and technical development zone, Nanjing High-Tech Zone and Huichun international cooperation demonstration zone. The study of these zones is used to analyze different types of interactions between development zones and cities as well as certain areas, including various mutual-development patterns promoted by urbanization and industrialization, innovation and entrepreneurship, coordinated initiatives among border hinterlands. In addition, taking Jilin Province as an example, this chapter also discusses the future direction of promoting the interactive development between development zones and cities through the establishment of pilot free trade zones in the linkage of industrial groups-development zones and urban agglomerations.

Chapter 6 provides strategic analysis for promoting sound city-development zone interactions. The first focus of this chapter is on the possible routes to a fruitful integration between the two, concluding that different locations, factor endowments, spatial features and economic scales can lead to three types of mutual-development routes: industry-city integration to build new urban districts, development zone clusters integration in complementation with cities, coordinated plans among city clusters over regions. Advice is given for virtuous interactions between cities and development zones: improve regional competitiveness through building emerging and featured industrial clusters, establish regional innovation system through innovation-oriented strategies, build up modern service industry system through vigorously developing the third industry, make cities more functioning through upgrading infrastructure and supporting service, step up development zone-city integration through deepening institutional mechanism reforms, create agreeable working and living environments through paying more attention to environmental protection.

Chapter 7 concludes the whole book and provides guidance for further studies.

目　　录

第一章　绪论 …………………………………………………（1）
　　第一节　选题背景及研究意义 ……………………………（2）
　　第二节　国内外研究综述 …………………………………（9）
　　第三节　研究内容和方法 …………………………………（28）
　　第四节　创新点与不足之处 ………………………………（31）

第二章　开发区与城市互动发展的基础理论 ………………（33）
　　第一节　开发区含义类型及功能 …………………………（33）
　　第二节　开发区形成及与城市互动发展的基础理论 ……（42）

第三章　开发区与城市互动关系演化进程及机理分析 ……（54）
　　第一节　国内开发区形成及与城市互动发展的
　　　　　　历史逻辑 …………………………………………（54）
　　第二节　开发区与城市互动关系的建立及演化阶段 ……（58）
　　第三节　基于生态竞合模型的开发区与城市互动
　　　　　　演化机理分析 ……………………………………（63）

第四章　开发区与城市互动发展的动力及运行机制分析 …（80）
　　第一节　开发区与城市互动发展的系统动力学理论 ……（80）

第二节　开发区与城市互动发展的动力因子 …………（84）
　　第三节　开发区与城市互动发展动力系统构建 …………（88）
　　第四节　开发区与城市互动发展动力系统仿真模拟 ………（96）

第五章　开发区与城市互动发展的实践案例分析 …………（101）
　　第一节　工业化、城镇化带动的开发区与城市互动
　　　　　　发展案例 …………………………………………（102）
　　第二节　创新、创业驱动的开发区与城市互动发展
　　　　　　案例 ………………………………………………（111）
　　第三节　边境—腹地联动的开发区与城市互动发展
　　　　　　案例 ………………………………………………（117）
　　第四节　产业集群—开发区群—城市群联动的自由贸易
　　　　　　试验区设立探讨 …………………………………（126）

第六章　中国开发区与城市良性互动的发展战略 …………（140）
　　第一节　开发区与城市互动发展的发展道路探析 ………（140）
　　第二节　推动开发区与城市良性互动政策建议 …………（144）

第七章　结论与展望 …………………………………………（153）
　　第一节　主要结论 …………………………………………（153）
　　第二节　进一步研究的若干思考 …………………………（157）

参考文献 ………………………………………………………（159）

后　记 …………………………………………………………（173）

第一章　绪论

开发区建设是中国改革开放以来为推动区域经济快速发展、扩大对外开放的重要战略举措。自1979年设立首批经济特区以来，开发区历经四十多年的发展，形成了包括经济特区、经济技术开发区、高新技术产业开发区、保税区、边境经济合作区、出口加工区、旅游度假区、物流园区、工业园区、自贸区、大学科技园等种类多样、数量众多的特殊经济区。据《中国开发区审核公告目录》（2018年版）统计，全国共有552家由国务院批准设立的国家级开发区，其中包括219家国家级经济技术开发区、156家国家级高新技术产业开发区、135家海关特殊监管区域、19家边境跨境经济合作区、23家其他类型的国家级开发区，以及1991家由省（自治区、直辖市）人民政府批准设立的省级开发区。开发区已成为区域经济最活跃的增长点，是承载工业化、城镇化、信息化以及对外开放的重要平台。

开发区作为城市经济的重要组成部分，是推动城市和区域经济增长的发动机，面临着承载产业结构转型升级和城市空间结构优化的双重使命，成为新型工业化和新型城镇化有机融合的纽带。从产业发展角度，开发区的实质是在政府和市场驱动力作用下产生的产业集群，是聚集和配置先进生产要素的重要载体，是项目建设、投资开发的主战场，是对外开放的主平台，对于城市和区域经济的发展具有极其强大的集聚效应、溢出效应以及投资和创新驱动效应；从城市空间结构演化的角度，开发区多位于城市边缘区、城乡结合区、生态资源丰沛区以及沿海边境地区，开发区的发展将有效地提高土地的利用效率，通过与主城的有机融合，实现城市的地域空间扩展，加速城乡一体化进程，构建生态城市，并有利于扩大对外开发，建设边境新城。

开发区的形成演进与城市密不可分，一方面，城市在开发区的形成和发展过程中起到了激励、扶持和支撑作用，是开发区建设的有力后盾；另一方面，开发区作为中国快速城市化的助推器，也推动了城市规模扩张、产业结构和空间结构调整以及城市功能升级。然而，伴随开发区与城市的互动发展，一些深层次的问题和矛盾也逐渐凸显，如开发区盲目扩张蔓延与母城更新滞后导致的城市功能紊乱；开发区与母城割裂发展引发的"孤岛效应"；开发区与母城之间过度、无序竞争造成的整体效益低下等问题。因此，在新时期和新背景下，正确把握和调整开发区与城市的关系及其形成机制，对于优化城镇体系的产业结构和空间结构，有序推动中国的新型工业化和新型城镇化进程，进一步扩大对外开放步伐具有至关重要的作用。

第一节　选题背景及研究意义

一　选题背景

1. 全球化背景下的产业升级及城市扩张

随着经济全球化和自由化贸易的快速推进和发展，世界范围内的产业分工、转移和重组的趋势愈发明显。尤其在后金融危机时代，世界经济发展增速放缓，各国为加快经济复苏，并在新一轮经济贸易结构调整以及金融改革中抢占先机，积极提升本国产业的国际竞争力，促使科技创新成为全球经济复苏的关键要素，客观上推动了高科技产业等战略性新兴产业加速发展，促进全球产业链、价值链攀升。科学技术的发展和全球市场供需结构的巨大变化，推动各国新一轮的产业振兴和结构调整，激发了资源在全球范围内的配置，先进制造业、现代服务业、物流业等产业间的整合升级速度加快，产业发展方向开始向智能化、网络化发展，跨国产业转移的梯度逐渐提高。作为改革开放的先行区和区域创新体系的核心区，开发区应紧跟当前产业升级的总体趋势，积极参与新一轮国际产业分工和转移，加快科技创新和产业升级，推动区域经济结构优化升级，这客观上决定了原有功能略显单一的开发区发展方向和运行模式已不再适应新工业革命的要求，亟须向高效、集约、完备的多功能综合性区域转变，形成新的开发区建设理念。

不断深化调整的全球化和工业化发展方向，也在深刻地影响着城市经济的发展和空间结构的演化，随着贸易自由化的发展，资本和要素打破地域限制，向更多的地区流动，推动了以大城市或超大城市为节点的全球生产、服务体系形成，也强烈地改变了世界城市的体系、功能和分布，城市的空间扩展方式呈现出明显的集聚化趋势，一个庞大的世界城市网络体系逐渐形成。按照道格拉斯的观点，全球化浪潮下城市的空间扩展具有空间集聚化的特点，并且随着超大城市的出现，传统的以区域为基础的城市化路径，升级成为以城市为基础的大都市区。[1] 科学技术和新兴产业的发展深刻地推动了城市空间结构的变革，尤其是在城市边缘，依托城市经济发展起来的开发区、产业新城等发展迅猛，建设规模越来越大，推动了城市向外扩张，城市空间组织形式由单中心向多中心转变，呈现出

---

[1] Douglas, M., "Global Interdependence and Urbanization: Planning for Bangkok Meta-urban Region", Conference Paper, 1992.

网络化扩张特征，增长势头强劲的城市逐渐扩张成为大都市地区，其中，以开发区建设发展推动城市扩张成为推动中国城镇化进程的重要手段。

2. 经济转型背景下的新型工业化和城镇化建设

当前，中国的经济发展处于新常态阶段，呈现出速度变化、结构优化、动力转化三大主要特征。① 从发展速度上看，经济发展速度从过去四十多年来的高速增长向中高速增长转变，经济增长开始从单纯追求速度增长向更加注重内涵式增长转变；从发展结构上看，受长期以来体制机制弊端影响，政府和社会对经济的调节依赖于投资，过多、过快的投资建设，导致产能严重过剩和环境污染，因而化解过剩产能，促进产业结构转型升级，优化资源配置，推动经济增长方式由粗放低效向集约高效转变成为保障经济可持续增长的必经之路；从发展动力上看，传统的要素驱动和投资驱动渐显颓势，资源配置效率和要素供给效率下降，环境制约因素增强，经济发展开始更多地依靠科技创新作为主要驱动力。这些经济发展的新的阶段性特点在客观上要求不断推进工业化和城镇化的转型升级，释放新阶段经济增长的内生动力。

在工业化建设上，自新中国成立以来即开始大规模的工业化进程，一直保持着快速发展的势头，经过多年的高速增长已进入到工业化中后期阶段，在全国范围构建起较为完整的工业体系，取得了极大成就。但我们也清醒地意识到，在工业化进入中后期阶段后，原有的高速、低成本、出口导向、不平衡的发展常态难以为继，工业化急需向中高速发展、基于创新的差异化、内外供需协调和区域平衡的新常态转变。② 为此，党的十六大提出新型工业化道路作为

---

① 李扬：《新常态：经济发展的逻辑与前景》，《经济研究》2015年第5期。
② 黄群慧：《"新常态"、工业化后期与工业增长新动力》，《中国工业经济》2014年第10期。

工业化发展的新方向，推动工业化与信息化同步发展；党的十八大提出"四化同步"的深度融合发展理念，即坚持走中国特色新型工业化、信息化、城镇化、农业现代化道路，推动信息化和工业化深度融合、工业化和城镇化良性互动、城镇化和农业现代化相互协调，促进工业化、信息化、城镇化、农业现代化同步发展。作为快速工业化的产物，以产业集聚为基础的开发区建设自改革开放以来不断崛起，经过四十多年的发展已经成为提高工业化水平的重要手段和载体，新的发展思路为推动开发区自身发展以及开发区之间、开发区与城乡之间的互动整合发展提供了新的方向。

在城镇化建设上，截至2019年年底，中国的常住人口城镇化率达到60.6%，实现了大规模的城镇化。按照城镇化发展的一般规律，城镇化建设开始走向新的发展阶段，发展的加速度将放缓，发展方向开始从快速增长向高质量增长转变。尤其在经济转型升级的新背景下，工业化进程已进入到中后期阶段，城镇化建设将被赋予更多驱动中国经济增长的使命，一方面通过城市经济发展开创更广阔的国际合作空间；另一方面通过优化调整城乡结构、区域结构，扩大投资和消费需求，推动经济健康平稳运行。为进一步推动城镇化建设高质量发展，国家于2014年3月16日正式出台《国家新型城镇化规划（2014—2020年）》，新型城镇化转变了传统的以土地快速扩张为基本特征的城市开发模式，更加注重以人为本的人口城镇化，推行公共服务均等化，促使城市向集约、低碳、绿色发展，城市的发展要有产业支撑，通过产城互动融合，实现城市的集群化和生态化发展。规划针对城市和开发区的发展特别提出，要统筹生产区、办公区、生活区、商业区等功能区规划建设，推进功能混合和产城融合，在集聚产业的同时集聚人口，防止新城新区空心化。加强现有开发区城市功能改造，推动单一生产功能向城市综合功能转型，为促进人口集聚、发展服务经济拓展空间。

3. 区域开发开放新格局背景下的开发区转型升级

随着改革开放以及一系列区域发展战略的深入实施，中国的对外开放格局和区域经济格局在形成中不断优化，区域间的相对差距逐渐缩小，区域专业化分工和产业集聚程度不断提高，要素空间配置效率有所提升。但区域发展不充分、不平衡的问题凸显，产业同构现象严重，要素资源配置不够优化，区域协同发展机制不够健全等问题仍然存在。党的十九大以来，国家开始着手实施区域协调发展战略，进一步扩大沿海、沿边以及内陆地区的开发开放程度，国家通过推进实施"一带一路"、京津冀协同发展、长江经济带，打造新时期的区域经济增长极，形成全新的区域发展板块，具有总体优化和战略提升的作用，既有利于提升统筹内外、陆海的外向型经济发展水平，又有利于构建南北互动、东中西协调的区域发展新格局。

中国的开发区政策伴随着改革开放起步，经过四十多年的发展，开发区已经发展成为区域开发开放的战略高地，在宏观经济高速发展的形势下，国家及各级地方政府部门积极谋划建立各种类型的开发区，通过制定翔实的发展规划、利用各项优惠政策扶持、健全完善相关体制机制，改善和优化开发区配套服务和环境，实现了资本、人才、技术等要素聚集，形成了一大批产业集群，为区域发展带来良好的经济效益。近年来，开发区的发展同样面临着政策和要素驱动能力逐渐弱化，产业结构单一同质化，土地资源闲置浪费，生态环境污染恶化，园区社会功能不足等一系列制约其进一步发展的问题困扰。作为区域开发开放的政策载体、产业载体，在新的区域发展格局下，面对波澜诡谲的国际经济形势和日益凸显的自身发展问题，中国开发区的转型升级迫在眉睫。全新的区域开发开放战略为开发区和城市的发展提供了更广阔的发展空间，也对开发区和城市的发展提出了更新更高更强的要求，开发区和城市可以依托新的区域发展战略所释放的政策优势，推动自身转型升级，在构建区域发展新格局的过程中，也要求开发区与城市利用产业发展联动效应，完善基础设施建设，推动人口、资源等要素跨区域自由流动，完善协同发展机制，实现两者在产业、空间、人口、功能方面的互动融合，以推动更大范围内的区域协同互动发展。

4. 创新创业潮流引领下的开发区腾笼换鸟

自中国经济进入转型升级的新常态以来，国家高度重视创新创业在经济社会发展中的重要地位。党的十八大提出实施创新驱动发展战略，强调科技创新是提高社会生产力和综合国力的战略支撑，必须摆在国家发展全局的核心位置。党的十九大提出创新是引领发展的第一动力，是建设现代化经济体系的战略支撑。2016年5月30日召开的全国科技创新大会、两院院士大会、中国科协第九次全国代表大会上，习近平总书记发表重要讲话，强调"实现'两个一百年'奋斗目标，实现中华民族伟大复兴的中国梦，必须坚持走中国特色自主创新道路，面向世界科技前沿、面向经济主战场、面向国家重大需求，加快各领域科技创新，掌握全球科技竞争先机"[①]。"大众创业、万众创新"正是遵循党和国家新的发展思路和发展方向，为推动经济结构调整、打造发展新引擎、增强发展新动力、走创新驱动发展道路，实现稳增长、扩就业、激发亿万群众智慧和创造力，促进社会纵向流动、公平正义的重大举措。

工业4.0模式、人工智能、大数据等现象的出现，意味着传统产业模式亟待转型升级，而当前过度依靠人口、土地等资源的"要素驱动"型城镇化发展模式也难以为继，未来城镇化质量的提高必须转为以科技创新为驱动力。经济新常态下，城镇化发展面临着从

---

① 习近平：《为建设世界科技强国而奋斗：在全国科技创新大会、两院院士大会、中国科协第九次全国代表大会上的讲话》，人民出版社2016年版，第5页。

"要素驱动"向"创新驱动"的转变，进而推进城镇化走上新型的可持续发展的道路。加快科技创新，以科技创新引领新型城镇化发展，在城镇化高级阶段，创新成为城镇化发展的主要动力。创新在推动城镇产业发展、改善城镇基础设施、提升城镇规划和管理水平方面都具有重要作用。科技创新既是经济社会发展的生产力，也是新型城镇化发展的强大软实力。开发区作为各项制度改革和政策创新的试验田，聚集了大量的科研机构、现金技术、双创人才和金融资源，是释放创新驱动力，实现"大众创业、万众创新"的重要载体。因此，开发区有必要通过腾笼换鸟，以产业转型升级，在强化自身创新驱动力的基础上，带动母城及周边城市发展。

二 研究意义

中国的开发区历经四十多年的发展，部分开发区已进入成熟期，面临着转型升级的重任，从最初的单一职能向综合型新城新区转变，转型升级过程中，开发区与城市的关系成为区域发展不得不重视的问题。而目前国内外对于开发区和城市的研究数量众多，但研究视角和研究方向多集中于开发区和城市的独立研究，对于二者关系的研究也多从开发区对城市的影响入手，而城市对于开发区的影响研究较少，并且对于二者互动发展的研究更多的局限于对单一开发区的具体案例分析，缺乏一般性的规律研究。因此，本书试图通过应用种群生态学和系统动力学理论对开发区与城市互动发展的规律性进行分析，力求开辟一个新的理论视角，对于深入理解开发区空间演进的规律性，理顺开发区建设与中心城市及整个区域发展的关系，充分发挥开发区在区域结构与功能优化过程中的积极作用，指导开发区与城市良性互动发展具有重要的理论意义。

在实践层面上，本书对中国自改革开放以来开发区与城市的互动发展历程进行了全面系统梳理，将二者的互动关系视为一种动态发展过程，具体分析各阶段的发展特征、发展现状以及存在的问题，并对开发区与城市互动发展的趋势进行判断。针对开发区与城市互动发展的典型案例进行分析，由点到面，由个别到一般，进而对开发区与城市的进一步良性互动提出相应的政策建议，对于破解大都市发展缺乏产业支撑、区域创新驱动能力不足、公共服务供给不均衡以及生态城市构建等问题具有一定的现实意义。

第二节　国内外研究综述

城市的发展一直是区域经济学和城市经济学关注的热点问题，而开发区作为一种产业集聚形态和城市空间、功能的扩展形态，自其设立之初就吸引了大量专家学者的关注和研究，相关的理论研究和实践经验总结层出不穷。其中，实践研究更加注重对具体开发区的微观视角分析，研究集中于开发区的规划、设计、政策、体制、发展战略等；理论研究更加注重从宏观视角出发，侧重分析开发区的发展效果、形成机理、与产业和区域的关系等，研究具有一般规律性、系统性和理论性。随着城市化演进，开发区的不断发展壮大，国内外对其研究和认识也在不断地深化发展，并在不同时期体现出不同的侧重点。

一　开发区设立和发展问题研究

开发区的产生是区域经济发展的体现，在其早期的探索设立阶段，国内外学者的主要研究方向在于开发区诞生的成因及如何发展，为开发区的设立发展破题。因而，对开发区的研究就集中于开发区建设的区位选择、发展方向和影响因素等问题，大多将开发区视作区域经济增长极，就开发区个体而谈开发区建设的成败。对于开发区的设立和发展主要集中于以下几个方面：开发区设立的区位选择、开发区的规划、开发区产业发展、开发区管理体制建设、开发区土地利用效率、开发区的演化周期等。

1. 开发区设立的区位选择

区位问题是区域经济学和人文地理学研究的基石。同样，开发区设立的区位选择也是早期开发区研究的重点问题。适当合理的区位有利于优化资源配置，创造良好的经济效益。西方古典区位理论影响深远，韦伯的工业区位理论等为开发区的区位选择奠定了良好的基础，并在新阶段衍生出新的内涵。例如，Hudson 认为工业区位理论中的劳动力、资本等传统区位因子其作用和内涵正发生变化，柔性化的生产方式使得建立在运输成本理论基础上的传统区位因子的重要性发生变化。[1] Storper 和 Scott 提出，受新技术革命影响，原有的大批量、标准化的生产方式正向小批量、定制化的柔性生产方式转化。[2] Markusen 认为，开发区具有与传统农业和工业不同的区位特征，具有强大的吸引生产要素的能力，是平滑空间中的黏结点（Sticky places in slippery space）。[3] 魏心镇和王缉慈、顾朝林、黄小斌阐述了高新技术产业开发区的发展和布局，概括了中国高技术开发区的特征以及发展布局和发展趋势。[4] 杨先明认为交通、劳动力、资本、产业基础、市场状况是影响经济技术开发区选址的主要区位因子[5]。陈益升等对比了经济开发区和高新技术开发区，

---

[1] Hudson R., "Labour-Market Changes and New Forms of Work in Old Industrial Regions: Maybe Flexibility for Some But not Flexible Accumulation", *Environment and Planning D: Society and Space*, 1989, 7 (1), pp. 5 – 30.

[2] Storper M., Scott A. J., "Work Organisation and Local Labour Markets in an Era of Flexible Production", *Int'l Lab. Rev.*, 1990, pp. 129, 573.

[3] Markusen A., "Sticky Places in Slippery Space: A Typology of Industrial Districts", *Economic Geography*, 1996, pp. 293 – 313.

[4] 魏心镇、王缉慈：《新的产业空间：高技术产业开发区的发展与布局》，北京大学出版社1993年版；顾朝林：《中国高技术产业与园区》，中信出版社1998年版；黄小斌：《试论我国高技术开发区布局》，《经济地理》2000年第6期。

[5] 杨先明：《发展阶段与国际直接投资》，商务印书馆2000年版。

认为开发区的选址不仅关系到开发区能否充分依托母城优势发展，以较低成本获取最大的效益，而且关系到开发区的可持续发展，除自然人文因素外，国家的战略导向也是开发区选址的重要因素。[①]王兴平和崔功豪分析了开发区发展的区位因素，认为劳动力、优惠政策、投资环境、市场空间、与国际市场的距离是影响开发区的主要区位因子，并针对区位条件规律，提出中国未来开发区区位调整方向和策略。[②]何兴刚、王霞均认为区位因子强度受到空间尺度变化影响，因此开发区的区位选择需要从多个尺度进行分析，综合区位因素、区内因素和区域因素进行选址。[③]总体而言，影响开发区设立和发展的区位因子包括政策、交通、劳动力、基础设施、产业基础、环境、资本和市场等，针对不同的空间尺度，区位因子的作用效果也有所不同。

2. 开发区的规划与定位

开发区是作为一种特殊功能区或者产业区出现的，虽然从要素物质构成上，其具备城市发展的各种要素，但由于早期功能并不完善，所以对开发区的规划既类似与城市规划又有别于常规的城市规划。对开发区的规划应注重突出其个性，要有与其特点相适应的特殊理念。对此，很多学者进行了深入的研究。王霞认为开发区是城市的特殊次结构形态，进行规划时不仅要将它们作为城市的特殊分区对待，还应视作连续的有机整体，同时提出了开发区的规划原则，即系统、人文主义、开放、可持续和灵活性原则。[④]张弘注重开发区与城市和区域

---

① 陈益升、湛学勇、陈宏愚：《中国两类开发区：比较研究》，《中国科技产业》2002 年第 7 期。

② 王兴平、崔功豪：《中国城市开发区的区位效益规律研究》，《城市规划汇刊》2003 年第 3 期。

③ 何兴刚：《城市开发区的理论与实践》，陕西人民出版社 1995 年版；王霞：《东南沿海城市开发区空间区位及形态构成研究》，博士学位论文，同济大学，1997 年。

④ 王霞：《东南沿海城市开发区空间区位及形态构成研究》，博士学位论文，同济大学，1997 年。

间的联系，提出应将开发区规划纳入城镇体系规划和区域规划中。① 王学锋认为开发区规划必须满足其自身发展特点和特殊要求，若将开发区规划剥离出城市规划，对开发区和城市发展都会产生不利影响。② 随着城镇化建设的不断推进，开发区和城市的不断发展，开发区规划的思路也处于动态调整的过程中，在新型城镇化和开发区转型升级的背景下，对开发区的规划更注重开发区城市功能的完善和转型发展，尤其侧重对产城融合方面的规划研究。邹伟勇等以国家级开发区产城融合为视角，从宏观、中观、微观三个层次分析开发区与城市融合的一体化构架，提出开发区产城融合的功能完善、转型升级、动态规划实施路径。③ 王兴平和顾惠对开发区30年规划进行了总结分析，将开发区的产业空间规划实践分成四个阶段，从早期的规划探路、独立探索到逐渐规范，再到目前的多元化发展和转型的新阶段，认为在全球化、市场化的新阶段，必须针对开发区发展的新动向对规划体系进行变革以助推持续增长。④

3. 开发区产业发展

开发区的产业发展一直是专家和学者的研究焦点。在开发区设立的初期，研究重点主要在开发区的产业结构。多数研究者认同优先发展第二产业，推动第三产业快速发展，胡军、魏心镇和王缉慈、陈永忠在研究开发区建设初期的产业发展问题时均持这样的观点。但对于第二产业如何发展问题，持有不同意见，胡军认为应依据开发区特色进行发展，如广州经济开发区的产业发展应先以第二

---

① 张弘：《长江三角洲开发区的城市化进程及其城市规划作用机制》，博士学位论文，同济大学，2001年。
② 王学锋：《试论开发区规划管理的几个问题》，《城市规划》2003年第11期。
③ 邹伟勇、黄炀、马向明、戴明：《国家级开发区产城融合的动态规划路径》，《规划师》2014年第6期。
④ 王兴平、顾惠：《我国开发区规划30年——面向全球化、市场化的城乡规划探索》，《规划师》2015年第2期。

产业的工业项目为主，第三产业的研究、咨询业为辅，成熟后逐渐置换过来[①]；魏心镇和王缉慈认为开发区应与母城的产业结构实现互补，与母城在产品和行业序列接轨[②]；陈永忠认为应将高新技术产业开发作为园区发展的主流[③]。

20 世纪 90 年代末期，受到亚洲金融危机、美国"9·11"事件等国际环境影响，以及中国加入世界贸易组织后的新挑战，开发区原有的引进外资发展经济策略逐渐失去动力，为解决开发区发展面临的问题，开发区走上转型升级、二次创业的道路。产业的转型发展和升级成为开发区发展面临的首要问题，与开发区产业发展实践相对应的是产业集群理论的研究，针对开发区产业集群问题，Park 研究了中国的特殊经济区及其对经济的影响，认为可以通过构建区域创新系统来增强开发区的产业发展能力，区域创新系统也是促进开发区形成产业集群的重要途径。[④] 王缉慈对产业集群和开发区等问题进行了深入系统的研究，认为工业园区（开发区）和产业集群的理论渊源并不相同，工业园区是在增长极理论等依靠外力作用的产物，而产业集群则是在反思增长极理论的基础上依靠内力形成的产物，工业园区是硬环境，产业集群是软环境，但随着时间的推移，二者相互依赖，相互促进，使得界线开始模糊，应通过发展创新型产业集群，促进开发区发展。[⑤] 周向红和谢守红也认为，尽管中国的开发区外在形态与产业集群很相似，但现实状况很不理

[①] 胡军：《广州经济技术开发区产业结构问题初探》，《开放时代》1986 年第 2 期。
[②] 魏心镇、王缉慈：《新的产业空间：高技术产业开发区的发展与布局》，北京大学出版社 1993 年版。
[③] 陈永忠：《我国建立高新技术产业开发区的经验和问题》，《中国工业经济》1996 年第 12 期。
[④] Park J. D., *The Special Economic Zones of China and Their Impacts on Its Economic Development*, Greenwood Publishing Group, 1997.
[⑤] 王缉慈：《关于中国产业集群研究的若干概念辨析》，《地理学报》2004 年第 12 期；王缉慈：《关于发展创新型产业集群的政策建议》，《经济地理》2004 年第 4 期。

想，即使是水平较高的长江三角洲地区，仍然存在产业结构层次低、产业同构严重、自主创新机制弱、过度依赖外资等问题。[①] 陈大雄和贺正楚认为产业集群带给开发区内企业更加经济的专业化要素投入和人力，获得更加便利的信息，实现配套产业发展，提高客户效率，获得公共产品和机构，对企业产生有效的激励。[②] 在大力发展开发区产业集群的同时，很多学者也提出了通过加强开发区内产业联系，创新体制机制建设等发展思路。皮黔生和王恺针对开发区发展的"孤岛效应"困境，提出了一系列的发展策略，包括加快参与世界范围稀缺资源争夺、主动参与国内产业结构调整和所有制结构改造、积极参与可转化为生产力的高新技术产业培育的"三参与"战略。[③] 王峰玉等认为开发区的产业发展应克服专门发展外向型经济的弊端，加强产业根植性，形成地方创新网络，推动外生动力和内生动力相结合。[④] 朱彦恒等从耦合角度分析了开发区产业发展机理，认为开发区产业发展既包括与跨国公司的前向关联，也包括与本土产业的后向关联。[⑤] 连远强认为集群与联盟的耦合有利于推动区域产业创新体系建设和经济发展。[⑥]

4. 开发区管理体制

开发区是体制制度建设的产物，特殊的管理体制是开发区存在

[①] 周向红、谢守红：《长江三角洲开发区的产业结构分析与评价》，《上海经济研究》2002年第3期。

[②] 陈大雄、贺正楚：《产业集群与我国高新技术产业开发区的发展》，《技术经济》2004年第3期。

[③] 皮黔生、王恺：《走出孤岛：中国经济技术开发区概论》，生活·读书·新知三联书店2004年版。

[④] 王峰玉、吴怀静、魏清泉：《现阶段我国开发区几个战略问题的思考》，《地域研究与开发》2006年第1期。

[⑤] 朱彦恒、张明玉、曾维良：《开发区产业发展的耦合机理》，《科学学与科学技术管理》2006年第10期。

[⑥] 连远强：《集群与联盟，网络与竞合：国家级扬州经济技术开发区产业创新升级研究》，《经济地理》2013年第3期。

发展的重要动力，同时，这种制度上的特殊性也是开发区与城市等区域相区别的根源。与国外自发形成的开发区相区别，我国的开发区从诞生之日起即带有深厚的制度烙印，谷源洋将世界上的开发区按照管理主体进行分类，分为政府管理、非政府机构管理和混合管理三种类型。① 朱永新等对中国开发区管理体制进行系统的分析和总结，认为开发区已初步形成了适合其发展的运行机制和行政管理体制，但其管理体制仍然存在着机构职能定位不规范，管理机构缺乏权威性，管理手段不充分等问题，应积极学习国际经验，对开发区政府的管理职能进行界定，加大法制化和信息化建设步伐，建立健全开发区管理考核与监督机制。② 鲍克提出了开发区"超自主体制"理论，认为开发区管理体制的设计具有超自主性特点，其与政府机构相独立，可以保证在宏观环境下高速发展、体制学习和规则创新。面向未来提出既要满足经济全球化的发展要求，与国际接轨，也要保持交易速度快、综合成本低、服务水平高、载体提升和可持续能力强等开发区特征。③ 皮黔生和王恺认为，虽然开发区和城市空间融合程度不断加深，但开发区依旧是行政上的孤岛，体制上的互动矛盾较大，开发区管理体制与传统管理体制的互动影响着开发区的命运。④ 厉无畏和王振认为，在开发区向新城转型或与所在行政区合并情况下，应保持原有的"小政府、大社会"的组织形式，退化成为普通行政区的管理体系。⑤ 姜杰认为中国的开发区管理既要满足现行的政治、经济和法律体制要求，又要在实践中建立健全以

---

① 谷源洋：《世界经济开发区大观》，世界知识出版社1993年版。
② 朱永新、刘伯高、杨树兵、薛晴：《中国开发区组织管理体制与地方政府机构改革》，天津人民出版社2001年版。
③ 鲍克：《中国开发区研究：入世后开发区微观体制设计》，人民出版社2002年版。
④ 皮黔生、王恺：《走出孤岛：中国经济技术开发区概论》，生活·读书·新知三联书店2004年版。
⑤ 厉无畏、王振：《中国开发区的理论和实践》，上海财经大学出版社2004年版。

管委会为核心的具有中国特色的管理体制。① 张志胜认为开发区的体制蜕变可能会影响其经济活力，需要通过转变政府职能、分离管委会管理和开发职能、建立外部管理机构等方法，有意识地进行开发区的体制创新。② 张艳认为经济技术开发区的优惠政策延续呈现出明显的时空不匹配，而高新技术开发区的优惠政策没有达到设立目标，要遵照开发区的发展初衷，进行差异化的政策设计。③

国外学者对中国开发区的特殊管理体制也比较感兴趣，与国内从开发区微观视角着眼不同，Lin、Park 等学者从宏观视角出发，更多地考虑这种政策对宏观经济的影响，并将其上升到意识形态高度，将它和社会主义制度、"一国两制"、国家制度和体制转型、"中央集权弱化"和冲击国家政治体制等方面联系起来。④

5. 开发区土地利用

开发区的土地利用问题在其建立初期并不是研究的重点问题，因为政策驱动使得土地要素成为吸引投资的廉价生产要素而非稀缺资源，土地供给与开发区发展之间的矛盾也并不突出。20 世纪 90 年代中后期，随着"开发区热"的出现，开发区数量暴涨，大量的园区设立和规划将开发区建设演变成为园区和企业的圈地行为，土地问题显现，由此引发的土地问题吸引了专家和学者的重视。何书金认为，相较其他国家开发区，国内开发区普遍规模偏大，土地闲置、布局混杂、基础设施重复建设、低效利用等问题严重，利用因

---

① 姜杰：《体制变迁与制度设计——国家级经济技术开发区行政体制研究》，经济科学出版社 2008 年版。
② 张志胜：《国内开发区管理体制：困顿及创新》，《经济问题探索》2009 年第 4 期。
③ 张艳：《国家经开区与高新区的政策渊源探究及反思》，《城市规划学刊》2011 年第 3 期。
④ Lin G. C. S., "Metropolitan Development in a Transitional Socialist Economy: Spatial Restructuring in the Pearl River Delta, China", *Urban Studies*, 38 (3), 2001: 383 – 406; Park J. D., *The Special Economic Zones of China and Their Impacts on its Economic Development*, Greenwood Publishing Group, 1997.

子分析法和差分原理对开发区的闲置土地大小和利用潜力进行评价。① 蒙吉军认为规划、市场和政策是影响中国开发区土地资源配置的三重机制。② 龙花楼等提出了开发区可持续利用的内涵，分析了开发区土地利用的结构和功能。③ 王兴平和崔功豪在现有的开发区比照下，对开发区发展的最佳规模或预警规模进行设定。④ 但这种经验判断方法还缺乏一定的客观性和准确性，在实践中的应用较为困难。相对而言，吴燕和陈乘幸依据开发区的产业结构特点和产业规模设定规模标准，⑤ 黄大全等以投入—产出强度、建筑系数、绿地率、容积率等指标建立用地规模指标体系，⑥ 较为可行。此外，朱传军等、何芳和张磊运用地理信息系统中的遥感、GIS和建模等方法对开发区的土地利用效益、闲置水平、利用潜力、集约利用程度等进行评价，为明确开发区土地利用现状、制定规划和调控政策提供了科学依据。⑦ 除对开发区土地规模研究外，一些学者从更开阔的角度来分析开发区土地问题。例如，张艳和赵民从理念和政策视角对开发区土地问题提出新主张，认为应将精明增长的理念引入到开发区的建设规划中来。⑧ 张艳认为鉴于开发区建设出现的扩界

---

① 何书金：《开发区建设中的土地开发利用问题与对策》，《地理科学进展》1999年第4期。
② 蒙吉军：《中国开发区土地利用优化配置的机制》，博士学位论文，北京大学，1999年。
③ 龙花楼、蔡运龙、万军：《开发区土地利用的可持续性评价——以江苏昆山经济技术开发区为例》，《地理学报》2000年第6期。
④ 王兴平、崔功豪：《中国城市开发区的区位效益规律研究》，《城市规划汇刊》2003年第3期。
⑤ 吴燕、陈乘幸：《高科技园区的合理规模研究》，《城市规划汇刊》2004年第9期。
⑥ 黄大全、林坚、毛娟、晋珍璐：《北京经济技术开发区工业用地指标研究》，《地理与地理信息科学》2005年第5期。
⑦ 朱传军、卢新海、韩长生：《基于模糊积分的开发区土地经济效益评价》，《中国土地科学》2009年第5期；何芳、张磊：《开发区土地集约利用评价指标理想值的确定——以上海市19个开发区为例》，《城市问题》2013年第4期。
⑧ 张艳、赵民：《论开发区的政策效用与调整——国家经济技术与高新技术产业开发区未来发展探讨》，《城市规划》2007年第7期。

和越界现象频繁,导致开发区政策出现空间泛化,应将对规模的关注转移到政策方面。① 王兴平也认为,对开发区土地利用除控制规模之外,还应加强开发区内部不同功能空间的融合,形成有机协调的内在空间关系。②

6. 开发区的演化周期

类似于部分生命体,开发区的发展演变也具有诞生、成长、成熟和衰落的过程,针对开发区的演化过程,专家和学者对其进行了大量的研究和分析,这些研究为解决开发区的发展提供了丰富的理论支撑和实践经验。国内学者对于开发区的演化阶段分析较多,认为开发区服从生命周期规律,一般经历起步、发展、变化和成熟四个阶段,可以运用这种周期性规律对不同阶段的开发区进行分析调控。③ 王慧认为,开发区未必一定要经历衰落阶段,开发区可通过深化与城市的相互关系,丰富功能、升级产业、加深与城市一体化程度来保持开发区的发展。④ 周元和王维才从要素演替角度分析开发区的产业发展,认为开发区要经历要素驱动、产业主导、创新突破和财富凝聚四个发展阶段,并在一定条件下相互转化,也有可能在某一阶段衰落。⑤ 朱彦恒等将开发区发展分为生产、技术和增长三个阶段。⑥ 洪燕从制度演进视角对开发区发展阶段进行划分,分

---

① 张艳:《超越规模之争——论开发区的空间发展与转型》,《城市规划》2009年第11期。
② 王兴平:《中国开发区空间配置与使用的错位现象研究——以南京国家级开发区为例》,《城市发展研究》2008年第2期。
③ 郑静:《城市开发区发展的生命周期:兼论广州开发区现状及其持续发展策略》,《城市发展研究》1999年第1期。
④ 王慧:《开发区与城市相互关系的内在肌理及空间效应》,《城市规划》2003年第3期。
⑤ 周元、王维才:《我国高新区阶段发展的理论框架——兼论高新区"二次创业"的能力评价》,《经济地理》2003年第4期。
⑥ 朱彦恒、张明玉、曾维良:《开发区产业发展的耦合机理》,《科学学与科学技术管理》2006年第10期。

为强制度优势、弱制度化和后制度化三个阶段，并以成本节约度、制度稳定度和资源聚集度作为评判开发区发展阶段的重要指标。①李耀尧认为，从集聚视角对开发区的发展周期进行考察，以发展优势为主要特征将开发区历程分为比较优势集聚、竞争优势集聚、创新优势集聚和财富优势集聚四个阶段，并得出结论，目前中国大多数开发区处于第一和第二阶段，少数处于第三阶段或向第四阶段转化。②

二 开发区与城市及区域的关系研究

开发区的发展不是孤立的个体，而是与周边城市及区域存在着紧密的联系。随着开发区的数量、规模、范围的不断扩张，开发区与城市及周边的联系也愈发紧密，其与城市和区域的互动发展也开始引起国内外专家和学者的注意。尤其在新型城镇化和新型工业化进程的大背景下，开发区作为中国城镇化和工业化的重要引擎，其与城市和区域的互动联系成为研究城市经济和区域经济发展的重要课题。

1. 开发区的城市化和郊区化趋势

开发区在经过一段时间的发展后，开始从单一的特殊功能区或产业区向综合性新区或新城转变，成为城市化的重要途径。

王文滋认为，对开发区城市功能的开发不仅仅有利于开发区自身的发展，对于推动工业化和城市化发展，促进逆城市化，构建区域创新系统、打造国际城市等具有更加深远的影响。③张弘具体分

---

① 洪燕：《开发区生命周期的研究——从制度演进的视角》，博士学位论文，复旦大学，2006年。
② 李耀尧：《创新产业集聚与中国开发区产业升级研究》，博士学位论文，暨南大学，2011年。
③ 王文滋：《再论我国经济技术开发区城市化功能开发》，《城市开发》1999年第1期。

析长三角区域内开发区的城市化的过程,并总结了开发区推动区域整体城市化的基本模式。[1] 王宏伟和袁中冰认为"开发区模式"是地区城市化的重要模式,可以通过开发区的发展提高整个地区的城市化水平。[2] 郑国和周一星具体分析了北京经济技术开发区对城市郊区化的影响内容和机理,提出开发区可以通过其位于城市郊区的区位优势,打造良好的人居环境,成为推动城市郊区化重要的载体。[3] 杨东峰等分析了从 1990 年以来我国沿海开发区的发展,认为通过对开发区城市功能的开发可推动外向型工业新城的形成,但这些新城的形成过程异于欧美等国的新城形成,具有外资密集、现代工业主导等特点。[4] 王慧具体分析了通过开发区带动的西安城市扩张路径,同时提出能否将这种扩张发展过程定义为一种"非典型性"城市郊区化进程仍值得商榷。[5]

2. 开发区与城市的关系

开发区与城市尤其是母城的关系尤为密切。何兴刚认为开发区的发展过程其实也是对城市原有功能的加强和城市缺失功能的弥补过程。开发区和城市可以在土地、基础设施建设、产业和制度等方面的整合,实现二者的互补与协调。[6] 很多地理学家从城市空间结构着手,研究开发区对城市的影响。例如,张晓平和陆大道认为,开发区建设深刻影响着城市的形态与空间结构,引导一些大城市的

---

[1] 张弘:《开发区带动区域整体发展的城市化模式——以长江三角洲地区为例》,《城市规划汇刊》2001 年第 6 期。

[2] 王宏伟、袁中冰:《城市化的开发区模式研究》,《地域研究与开发》2004 年第 2 期。

[3] 郑国、周一星:《北京经济技术开发区对北京郊区化的影响研究》,《城市规划学刊》2005 年第 6 期。

[4] 杨东峰、殷成志、史永亮:《从沿海开发区到外向型工业新城——1990 年代以来我国沿海大城市开发区到新城转型发展现象探讨》,《城市发展研究》2006 年第 4 期。

[5] 王慧:《开发区发展带动下的西安城市扩张——一种"非典型性"郊区化进程》,《中国软科学》2007 年第 10 期。

[6] 何兴刚:《城市开发区的理论与实践》,陕西人民出版社 1995 年版。

空间结构向双核、连片带状和多极触角等类型转化。① 王慧认为开发区可以改变我国多数城市团块状的空间形态，使得城市空间结构由圈层式蔓延向点—轴—带式辐散转变；并且受到开发区位置影响，距离母城较远的一些开发区可发育成城市卫星城或新城，使城市空间结构由单中心型向双中心或多中心型演变。② 王慧在后续研究中发现，开发区不仅可以推动城市郊区化，而且是中国城市社会空间极化的主要动力。③ 王兴平也认为正确处理开发区与母城的关系，可以有效改善中国城市传统的单中心结构。④ 冯章献等认为，在中心城市极化背景下，开发区和母城间形成了城中区内置型、边缘区生长型、子城区扩展型和独立区发展型四种空间关联。⑤ 郑国从空间角度阐述了处于不同发展阶段的开发区对城市空间结构的影响，认为开发区与城市的融合发展是在其"孤岛"和"飞地"阶段之后。⑥

伴随着开发区的不断发展和演化，专家和学者开始从更多的角度和领域对开发区与城市的关系进行分析，很多区域经济学专家开始从经济发展、城市职能等角度对开发区和城市关系的演化进行分析。李俊莉等认为，开发区的设立可以迅速改变所在城市的产业结构和规模、空间结构、经济外向度、税收和就业等，因此可以选择

---

① 张晓平、陆大道：《开发区土地开发的区域效应及协同机制分析》，《资源科学》2002年第5期。
② 王慧：《开发区与城市相互关系的内在肌理及空间效应》，《城市规划》2003年第3期。
③ 王慧：《开发区发展与西安城市经济社会空间极化分异》，《地理学报》2006年第10期。
④ 王兴平：《中国开发区空间配置与使用的错位现象研究——以南京国家级开发区为例》，《城市发展研究》2008年第2期。
⑤ 冯章献、王士君、张颖：《中心城市极化背景下开发区功能转型与结构优化》，《城市发展研究》2010年第7期。
⑥ 郑国：《中国开发区发展与城市空间重构，意义与历程》，《现代城市研究》2011年第5期。

利用开发区的发展推动经济发展水平较低的城市跨越式发展。[1] 王战和以高新技术开发区作为研究对象，认为其在由开发区向新城演化的过程中，推动了城市中的新富裕阶层和中等收入阶层的形成，这种社会阶层分化有可能会诱发一定的社会矛盾。[2] 郑国从职住分离的角度分析了开发区过度重视发展产业的单一职能所造成的职住分离现象，由于职住分离所造成的劳动力通勤、购物、就医、教育等经济社会问题，制约了开发区与城市的可持续发展。在实践层面，一些发展较为成熟的国家级开发区如天津经济开发区、苏州工业园区、广州开发区等，已经通过实施新城战略和产城融合战略，实现单一功能开发区向新城新区的转型，而针对其他新建开发区也提出建议在建设初期就应通过功能综合化、配套完善化超前发展避免职住分离等现象产生。[3] 从边缘城市开发区与城市互动视角，程慧等认为，在中国城市郊区化的背景下，很多大城市的开发区也面临着转型升级和再开发的情形，开发区的转型升级在空间结构上形成大城市郊区的次级中心城市，在产业结构上从工业主导向综合城市转变。[4] 郑国和孟婧以北京丰台科技园为例，分析了开发区向边缘城市的转变背景和机制，同样认为很多大城市边缘地带的开发区向边缘城市演化的趋势，当然这种边缘城市与美国大都市的多中心演化现象相比带有中国特色，可以从多方面借鉴边缘城市的经验，推动开发区的进一步规划和发展。[5]

---

[1] 李俊莉、王慧、郑国：《开发区建设对中国城市发展影响作用的聚类分析评价》，《人文地理》2006年第4期。

[2] 王战和：《高新技术产业开发区建设发展与城市空间结构演变研究》，博士学位论文，东北师范大学，2006年。

[3] 郑国：《开发区职住分离问题及解决措施——以北京经济技术开发区为例》，《城市问题》2007年第3期。

[4] 程慧、刘玉亭、何深静：《开发区导向的中国特色"边缘城市"的发展》，《城市规划学刊》2012年第6期。

[5] 郑国、孟婧：《边缘城市的北京案例研究》，《城市规划》2012年第4期。

针对开发区与城市的互动发展，很多学者从行政管理制度视角出发，推动开发区的转型和与城市的融合。罗小龙等认为，应推动开发区的行政管理职能从促进园区经济增长向城市综合管理转变，从企业家城市视角提出了开发区第三次创业理念，以苏州工业园区为例，总结开发区与城市的互动经验，通过超前的综合发展规划，在考虑开发区发展和苏州旧城改造的关系的基础上，将顺产业发展与居住、商贸、景观的关系，推动园区服务业等第三产业发展，推动开发区从工业园向城市转变，实现产城融合。① 蒋万芳等以增城经济技术开发区为例，提出"区市合一"战略，提出行政资源合并的思路，合并开发区和城市中与开发区经济建设相关的行政部门，实行"两块牌子、一套人马"的管理模式。② 买静等在新形势下转变政府的角色扮演，使政府职能向利益化的企业主体转变，将地方政府作为公共产品的供给方，推动新城的空间开发。③

3. 开发区与区域的关系

随着开发区的不断发展，开发区与周边区域的联系也愈加紧密，除与所依托的母城逐渐加大联系外，开发区开始实现与更大范围的区域联动发展。开发区与区域的关系也开始逐渐受到专家和学者的重视。

第一，各开发区之间的相互关系研究。目前，我国各省份均设有开发区，在很多区域和城市会有不止一个开发区存在的格局，和开发区与城市的关系类似，各个开发区之间也同样存在着竞争与合作关系。张荣和傅绥宁较早地开始分析开发区群体的空间布局问

---

① 罗小龙、郑焕友、殷洁：《开发区的"第三次创业"：从工业园走向新城》，《长江流域资源与环境》2011年第7期。
② 蒋万芳、邓毛颖、肖大威：《基于区市合一战略的增城经济技术开发区发展方略》，《城市问题》2012年第7期。
③ 买静、张京祥、陈浩：《开发区向综合新城区转型的空间路径研究——以无锡新区为例》，《规划师》2011年第9期。

题，主要针对成都开发区群体布局展开分析。① 冯晓星和赵民以苏州、无锡和常州三市的开发区为例，分析了三市开发区的竞争与协调的发展问题。② 王兴平和许景以南京市开发区为例，探讨了中国城市开发区群的时空特征和演化规律，认为开发区群的产生和发展会带来集聚效应和规模经济效应，但开发区群之间的恶性竞争也会造成不同开发区产业结构的趋同、土地资产收益的流失、空间发展调控的失序等问题。③ 陈家祥从经济发展水平与经济结构水平，经济发展潜力，经济发展活力和宏观经济效益四个方面分析了南京开发区群体对南京城市发展的影响。④

第二，开发区与所属区域的关系。国外学者对开发区的区域效应关注较早，部分专家对于开发区的发展持悲观态度，如 Schmenner 认为，从更大范围来说，某地开发区的发展将会引起其他地方区失业率的上升和经济发展停滞。⑤ Davelear 提出开发区的区域效应，主要源自开发区自身创新活动引致的再产业化、产业转移、产业扩散以及创造经济主体间的协同作用。⑥ Hansson 等认为，开发区特别是科技园区将是驱动未来区域经济发展的催化剂。⑦ Fukuga-

---

① 张荣、傅绶宁：《试论城市开发区群体的合理布局与协调管理》，《城市规划》1997年第3期。

② 冯晓星、赵民：《论苏、锡、常经济技术开发区的协调发展》，《城市规划汇刊》2004年第1期。

③ 王兴平、许景：《中国城市开发区群的发展与演化——以南京为例》，《城市规划》2008年第3期。

④ 陈家祥：《南京城市开发区群对南京城市发展的影响分析》，《科技进步与对策》2009年第11期。

⑤ Schmenner R., "Multiplan Manufacturing Strategies Among the Fortune 500", *Journal of Operations Management*, 2 (2), 1982, pp. 77 – 86.

⑥ Davelear E. J., *Regional Economic Analysis of Innovation and Incubation*, Avebury Gomer Publishing Campany Limited, 1991.

⑦ Hansson F., Hustred K., Vest Ergaatd J., "Second Generation Science Parks: From Structural Joles Jockeys to Social Technovation Capital Catalysts of the Knowledge Society", *Journal of Business Venturing*, 25 (9), 2005, pp. 1039 – 1049.

wa 认为，开发区内企业的外部联系有限，只有部分特定类型的企业与外部机构发生联系。① Ratinho 和 Henrioues 认为发达国家的科学园区推动了创新和区域发展。② 无独有偶，John 等认为，在经济水平不高的国家和地区设立出口加工区，可以有效地提高就业，促进经济增长。③ David 和 Kolko 对开发区的区域效应持反对意见，他们认为开发区的作用并未达到预期，甚至无法实现促进区域就业的能力。④ 国内学者对于开发区与区域的关系研究较多，但多数局限于开发区的区域效应，而从区域角度讨论对开发区的影响的研究较少。夏文元认为不止开发区对区域产生影响，区域资源环境条件和社会经济发展状况也同样影响着开发区的规模、发展速度和效益。⑤ 王缉慈认为，开发区和所处区域具有重要关联，包括产业关联、人口、经济、基础设施等方面都存在相互联系，通过开发区企业的集聚扩散效应影响着区域经济的发展。⑥ 张晓平和陆大道认为，开发区对于区域经济的发展具有协同效应，通过开发区对土地资源的开发利用形成区域效应，带动区域经济发展和城市化进程。⑦ 皮黔生和王恺针对当时我国开发区在区位、功能、产业、制度、社会

---

① Nobuya Fukugawa, "Science Parks in Japan and their Value-added Contributions to New New Technical Based Firms", *International Journal of Industrial Organization*, 2006, (24), pp. 381 – 400.

② Ratinho T., Henrioues E., "The Role of Science Parks and Business Incubators in Converging Countries: Evidence From Portugal", *Technovation*, 30 (4), 2010, pp. 278 – 290.

③ John C., Hama, Charles Swenson, "Government Programs can Improve local labor Markets: Evidence From State Enterprise Zones, Federal Empowerment Zones and Federal Enterprise Community", *Journal of Public Economics*, (95), 2011, pp. 779 – 797.

④ David Neumark, Jed Kolko, "Do Enterprise Zones Create Jobs? Evidence From California's Enterprise Zone Program", *Journal of Urban Economics*, (68), 2010, pp. 1 – 19.

⑤ 夏文元：《论开发区与区域开发》，《浦东开发》1997 年第 9 期。

⑥ 王缉慈：《高新技术产业开发区对区域发展影响的分析构架》，《中国工业经济》1998 年第 3 期。

⑦ 张晓平、陆大道：《开发区土地开发的区域效应及协同机制分析》，《资源科学》2002 年第 5 期。

等方面的"孤岛效应"提出通过完善的前期规划，实现开发区与所在区域的城镇规划、城市总体规划相协调，推动开发区建设与区域融合发展。[①] 郑国研究了开发区的区域带动效应，认为中国开发区的设立和发展过程具有与国家区域发展战略的高度协同性，因此开发区在培育经济新增长点、促进新商业中心诞生、区域产业结构调整和升级、提高技术水平、转变企业经营管理观念等方面的区域带动性都十分明显。[②] 与之相对立，陈秋玲从社会学角度分析，认为开发区与区域社会空间之间的断裂，将会带来居民边缘化问题。[③]

三 评论及启示

关于开发区和城市问题的研究，自开发区设立以来，一直是国内外学者的研究热点。并且在新型工业化和新型城镇化建设以及扩大对外开放的背景下，开发区仍是未来我国城市工作的重点内容，因此加强对开发区的理论和实践研究显得意义重大。

通过对现有文献的研究梳理，可以发现研究具有以下特征：第一，研究内容从最初的开发区设立及其影响因素，如空间布局、发展目标、土地利用、管理体制建立及创新等研究，逐渐转向开发区发展的一般规律及其与城市和区域关系的研究，研究更加侧重开发区与城市的整体效益，探索开发区与城市在更大范围更宽领域的协同发展问题。第二，研究对象从开发区发展的独立个案研究向一般性研究转变，但由于开发区类型、性质的多样性，对于总体规律的总结较少，难度也相对较大。第三，研究方法从最初的归纳与演绎

---

① 皮黔生、王恺：《走出孤岛：中国经济技术开发区概论》，生活·读书·新知三联书店2004年版。
② 郑国：《经济技术开发区区域带动效应研究》，《地域研究与开发》2007年第2期。
③ 陈秋玲：《走向共生：基于共生关系的开发区发展路径依赖者》，经济管理出版社2007年版。

和实践经验总结向定性与定量相结合转变，其中，经济和人文地理学派更侧重于采用GIS、遥感等地理信息系统方法进行空间布局和演化探讨，而区域和城市经济学派等更侧重于运用经济学原理和计量经济模型等对开发区和城市的经济效应等进行定性和定量研究。第四，研究区域更侧重于东部沿海等经济发达地区的经济技术开发区和高新技术开发区，而对于中西部等落后地区的研究较少。第五，我国的开发区建设是改革开放实践中的产物，对于开发区的理论建设往往滞后于实践经验，因此对于开发区和城市发展的成熟、系统性理论较少，对于实践的理论指导稍显不足。尽管对于开发区的理论和实践研究有待于进一步推进，但不能忽视现有的研究成果，应充分利用现有研究成果，继续深入研究，将研究成果应用于新时期的城市发展、规划建设中去，用来指导实践，推动开发区与城市经济社会的发展。

在学习和完善现有研究成果的基础上，应继续拓展开发区和城市及区域经济社会发展的研究内容和研究领域，可以从以下方面着手：第一，继续深入研究城市和开发区互动关系。开发区和城市的关系是密切联系，相辅相成的，从已有的研究来看，研究多从开发区或城市的自身发展角度出发，从单方面讨论开发区对于城市或城市对于开发区的影响和作用，对于二者的互动关系的形成发展的规律性、影响因素及动力机制探讨较少。只有弄清二者的双向影响过程和作用机制，才能真正推动开发区与城市共同发展，实现双赢。第二，开发区与城市的可持续发展问题。开发区与城市的发展都面临着转型升级，保持健康持续发展的问题。开发区的发展面临着动力不足、产业结构单一同质化、土地浪费、环境污染、园区社会功能不足等一系列制约其进一步发展的问题，亟待实现再开发、再创业。而推动开发区可持续发展的可行之路，即推动开发区的城市功能开发，实现开发区城市化，如何实现开发区由单一功能区向综合性城区转变，推动新城新区建设，实现产城融合等有必要进行深入研究。此外，如何推动实现开发区和城市及周边区域的有效整合，实现资源的优化配置、基础设施共享和公共服务均等化等也有待于进一步探索。城市的发展也同样面临着发展城区发展过度饱和、缺乏产业支撑、区域创新驱动能力不足、公共服务供给不均衡、生态环境破坏等问题，亟待实现功能提升、结构优化。因此，加强城市与开发区的互动研究，从开发区角度来推动城市功能分化，产业转型升级，区域创新体系构建，城乡一体化及生态城市建设等具有重要的理论和实践意义。第三，打破对开发区和城市发展的类型、地域和时间局限，加大对开发区和城市发展的规律性研究，提高研究的科学性和普适性。

本书即是基于以上对相关文献的研究和得到的启示，展开系列的理论和实践探索，力图揭示开发区与城市互动发展的规律性和良性发展道路。

第三节 研究内容和方法

一 主要研究内容

本书将在新的时代背景下展开研究，通过梳理国内外相关理论及文献，从区域经济学、经济地理学、数量生态学、系统论等跨学科、多角度进行深入分析，旨在构建一个关于开发区与城市互动发展的较为完整的理论分析体系和框架，并以此为基础力求推动我国开发区与城市良性互动发展。本书的主要研究内容如下所示。

第一章为绪论，主要分析开发区与城市互动发展选题背景、研究意义及国内外研究现状，即在经济全球化背景下的产业升级和城市扩张，新常态背景下的新型城镇化和工业化建设以及区域开发开放新格局背景下的开发区转型升级等宏观经济大背景下，研究开发区与城市的互动发展问题，寻求新型城镇化和新型工业化的良性互动之路。对开发区与城市的国内外研究现状进行梳理和述评，明确研究内容和方法，总结文章的创新点和不足之处。

第二章为相关概念和基础理论研究。本章主要分为两部分，第一部分对开发区的内涵、类型和功能进行界定，分析了各类开发区的发展历程和现状；第二部分总结和归纳了开发区形成及与城市互动发展的基础理论，利用区位理论、增长极理论和产业集群理论对开发区的设立进行阐述，利用城市生命周期理论、竞合理论和系统论的观点对开发区与城市互动关系的形成和发展进行阐述。

第三章为开发区与城市互动关系演化进程及机理分析。本章首先对开发区形成和发展的历史逻辑进行分析；从开发区形成的历史背景和历史条件入手，分析我国开发区设立的历史基础；其次对开发区和城市互动关系的形成和演化阶段进行划分；最后利用生态竞合模型结合前文对两者互动阶段的划分，对二者的互动演化机理进行模型阐释。

第四章为开发区与城市互动发展的动力及运行机制分析。本章引入系统动力学方法，首先对开发区—城市互动系统的动力因子进行分析；其次利用对系统动力因子的分析建立系统因果反馈回路和系统流图；最后利用建立的系统动力模型对开发区与城市的互动关系进行仿真模拟。

第五章为开发区与城市互动发展的实践案例分析。本章分别选取了国家级经济技术开发区、国家级高新技术产业开发区和国家级边境经济合作区三类典型：广州经济技术开发区、南京高新区和珲春国际合作示范区，来分析开发区与城市及区域的不同互动方式。本章也探讨了以产业群—开发区群—城市群联动设立自由贸易试验区推动开发区与城市互动发展的模式。

第六章为推动开发区与城市良性互动的发展战略分析。本章首先对开发区与城市良性互动的道路进行探讨，提出了三条推动开发区与城市良性互动的发展道路；然后对开发区与城市的良性互动提出相应的政策建议。

第七章为全书总结，总结文章的主要结论和进一步的研究方向。

二　主要研究方法

第一，理论分析与实践检验相结合。本书从开发区与城市互动发展的理论和实践两个角度进行深入研究。在理论研究方面，通过参考大量的国内外相关文献，吸纳国内外学者对开发区与城市互动发展的研究结论，运用区域经济学、种群生态学、系统动力学等交叉学科知识理论，对开发区形成及与城市互动发展的演化机理、演化过程以及动力机制进行分析。依据前文奠定的理论基础，将理论与实践相结合，从一般到个体，通过分析发展过程中的典型案例，总结共性和个性特征，发现问题，并针对问题提出相应的对策建议，推动开发区与城市的良性互动。

第二，文献研究与实地调研相结合。本书认真梳理了开发区与城市发展及其相互关系的国内外文献，对研究思路和研究方法的形成起到良好的借鉴作用。同时，对部分典型开发区发展运行状况进行实地调研，通过走访座谈的形式，了解开发区与城市的互动发展形态及存在的问题和障碍，保障数据真实，资料翔实。

第三，定性与定量分析相结合。本书首先通过建立 Lotka-Volterra 竞合模型和系统动力模型对开发区与城市互动发展的演化机理和动力机制进行理论分析，通过定性方式描述开发区与城市的互动关系，在此基础上对开发区与城市互动发展进行定量模拟仿真分析，对相关数据进行整理和分析，以定量描述作为定性观点的支撑。

第四节 创新点与不足之处

一 可能的创新点

目前，学术界对于开发区与城市的互动发展研究相对较少，相关研究也多从开发区对城市或城市对开发区的单方面影响进行分析，对于开发区和城市关系的研究也多限于对具体的某个开发区和城市进行特殊研究，缺乏对二者互动规律的一般性研究，同时，对于二者的互动机理和动力因素及运行机制研究有待于进一步加强。中国自改革开放以来已形成了数目众多、类型多样的开发区，针对不同地域、不同类型以及不同发展阶段的开发区与城市互动方式研究缺乏一定的归纳和演绎。因此，本书从以下几点展开研究。

第一，对开发区与城市互动发展的阶段性进行划分，在深入研究四十多年来中国开发区与城市互动关系的发展历程和特征的基础上，分别从产业发展、园区和城市功能以及空间结构等角度归纳总结处于不同发展阶段的开发区与城市竞争及合作关系，并在阶段划分的基础上，引入生态学中种群竞争合作模型，类比开发区与城市两大群落的互动关系，建立数理模型，利用动态数理模型分析处于不同发展阶段的开发区与城市行为所导致的竞争合作关系。

第二，对开发区与城市互动发展的动力及运行机制进行分析。通过引入系统论中的系统动力学方法，建立开发区—城市系统，分析影响系统运行和发展的动力因子，并建立开发区—城市动力系统，利用因果关系图和系统流图刻画二者互动发展的动力机制。在动力系统模型建立的基础上，对典型开发区和城市的互动发展进行仿真模拟，预测开发区与城市互动的发展趋势。

第三，针对不同地域、不同类型的开发区和城市互动发展，选取典型发展方式，归纳总结不同开发区与城市的发展轨迹、特征及发展方向，并在此基础上归纳开发区与城市的互动发展道路，提出推动二者良性互动的发展策略，具有一定的实践意义和创新。

二 不足之处

第一，本研究试图通过开发区与城市之间相互促进、良性发展的新视角对二者的互动关系进行分析，构建起二者互动发展的动态数理模型和系统动力模型，但囿于开发区数目众多、设立时间、发展水平等差异较大，相关开发区与城市的统计指标和数据较难获取或难以统一，无论是在技术层面还是在调查数据的覆盖面上均有一定的难度，因此本研究仅以典型开发区的部分数据进行数理分析和仿真模拟，缺乏数据的覆盖性。

第二，在案例分析中，从理论上总结三类开发区与城市互动方式，尚不能完全概括全部的互动方式，有待进一步分析、归纳、总结和完善。

第三，伴随着经济学理论以及系统科学理论研究的不断更新与深入，开发区与城市互动发展的理论演绎亦应随之更新。

第四，新时期，中国的改革开放步伐不断加快，开发区作为改革开放的高地，在建立形式、制度政策构建等方面创新力度加大，如何在新形势下把握新型开发区（如自由贸易试验区、农业高新技术产业园区等）与城市的互动关系，有待进一步深入研究分析。

第二章　开发区与城市互动发展的基础理论

开发区作为中国改革开放的重要实践成果，已历四十余年，其形成与发展不仅具有丰富的实践经验，也具有深厚的理论基础，是研究区域经济学和城市经济学的良好结合点。随着经济社会的发展，城镇化和工业化的不断推进，开发区与城市之间的联系与互动也愈发紧密和频繁。本章首先介绍开发区的定义内涵，对其类型和功能进行归纳和总结，其次阐述开发区设立的理论依据，最后分析开发区与城市互动关系形成和发展的理论基础，为进一步的研究奠定基础。

第一节　开发区含义类型及功能

一　开发区内涵

开发区作为一种经济社会发展现象，是城市和区域经济发展到一定阶段的产物，其设立范围广泛，世界上大部分国家都建有开发区，但对其定义一直以来并没有形成严格统一的明确界定，对其内涵的理解也因时间演进、地域差异和功能类型的不同形成各异的理解和阐释。

对开发区定义的界定，世界出口加工区学会将其分成专门行业开发区、特殊运作开发区、局部开发区和广域开发区四类，并按照分类对其进行分别定义。国内学者对于开发区的定义也存在不同理解。如何兴刚定义，开发区是指以城市为依托，实行特殊的经济政策与管理体制的特定地区。①冷希炎定义，开发区一般指一个国家或地区为吸引外部生产要素、促进自身经济发展而划出的一定范围并在其中实施特殊政策和管理手段的特定区域。②李耀尧定义，开发区是一种综合性功能的特定产业发展区，即指这样的区域，一个国家或地区，为了实现一定的经济社会发展目标，由政府主导或者市场主导，通过市场机制、政府调控和各个经济主体行为，在所划定的区域范围内，实行有别于其他行政区的特殊经济政策以及相应的特殊管理，发展具有前沿领域的先进产业、特殊产业和创新产业，以肩负辐射、带动、促进本国或本地区经济社会发展。③国内学者界定的开发区大部分指在国家和政府主导下的特殊政策区或功能区，但通过观察国内外的开发区，可以发现，部分开发区是以地方特殊禀赋（如区位、资源、技术等）为基础形成的工场、企业扎堆，逐渐演化成为专门化的产业集群或贸易枢纽，如早期西方国家自发形成的手工工场、机器工业集群或商贸集聚现象等，国家和地方政府对其干预较少，是基于自由放任思想自发形成的产业区或自由贸易区，此外，美国硅谷等科技研发为主的开发区，以产、学、研结合的方式，推动大量科技创新企业于此集聚，形成内生力量主导的经济开发，国家和政府对其发挥间接引导和推动的作用，其在形成过程中的自发力量大于外部推动力，与国内大部分的以政府力量依靠政策推动的开发区相比具有一定的差异性。

参考国内外各级政府和学者的观点，本书对于开发区概念的界定有广义和狭义之分。广义的开发区指人类生产力在一定地域范围

---

① 何兴刚：《城市开发区的理论与实践》，陕西人民出版社1995年版，第33页。
② 冷希炎：《开发区理论创新与实践探索》，吉林大学出版社2006年版，第1页。
③ 李耀尧：《创新产业集聚与中国开发区产业升级研究》，博士学位论文，暨南大学，2011年。

内所形成的空间扩展，是人类区域开发活动的载体。狭义的开发区指在一定地域范围内，在市场或政府的引导下，依托区域自身要素禀赋或政策优势，吸引外部优势资源、人口、技术等要素在该地区聚集，形成具有独特发展优势，可对周边城市或区域的经济社会发展产生辐射带动作用的特殊功能区。由于本书主要研究在国内政策环境下的开发区与城市的互动关系，所以这里的开发区特指由国务院和省（自治区、直辖市）人民政府批准在城市规划区内设立的，具有明确地域范围的，享受国家特定经济优惠政策和特殊管理体制的特殊功能区。

二 开发区的类型和功能

中国的开发区建设历经四十多年发展，形成了数目众多、类型多样、覆盖全面的开发开放格局。开发区的类型从早期的经济技术开发区、高新技术开发区逐渐向多样化演变。按照国家发展改革委、科技部、国土资源部、住房城乡建设部、商务部、海关总署联合发布的《中国开发区审核公告目录（2018）》划分，中国的开发区类别主要包括国家级经济技术开发区、国家级高新技术产业开发区、国家级海关特殊监管区域（保税区、出口加工区等）、国家级边境跨境经济合作区和其他类型国家级开发区以及省级经济开发区、高新技术产业园区、特色工业园区等类型。此外，从更加宽泛的角度，中国最早从1979年开始设立的经济特区，从2005年开始设立的综合配套改革试验区，从2013年批准设立的自由贸易试验区等也可以列入开发区的实践类型中去。

1. 国家级经济技术开发区

国家级经济技术开发区（China National Economic and Technical Development Zone）是中国构建开放型城市的重要战略举措和内容。继设立经济特区取得成功后，为推广特区经验，进一步扩大对外开放步伐,以大规模引进外资、利用国外先进技术和管理经验,我国于1984年开始在东部沿海城市设立国家级经济技术开发区,到20世纪80年代末期,已率先在12个城市建立了14个沿海经济技术开发区,到90年代,我国开始走上了经济技术开发区建设的快车道,到90年代末期,经济技术开发区建设开始向全国铺开,不断发展壮大。截至2019年6月,全国共有国家级经济技术开发区219家,内地各省份均有分布,其中,江苏设立数目最多(26家)。

表2-1　　　　各省份国家级经济技术开发区数量　　　　单位:家

省份	数量	省份	数量	省份	数量	省份	数量	省份	数量	省份	数量	省份	数量	省份	数量
江苏	26	浙江	20	山东	15	安徽	12	福建	10	江西	10	河南	9	新疆	9
辽宁	9	黑龙江	8	湖南	8	四川	8	湖北	7	广东	6	上海	6	天津	6
河北	6	云南	5	甘肃	5	陕西	5	吉林	5	广西	4	山西	4	重庆	3
内蒙古	3	贵州	2	青海	2	宁夏	2	北京	1	海南	1	西藏	1		

资料来源:根据中国开发区网整理 http://www.cadz.org.cn/。

早期国家级经济技术开发区设立的功能定位为"三为主、一致力",即工业为主、引进外资为主、出口为主,致力于发展高新技术产业,促使经济开发区尽快成为发展外向型经济的重要载体。随着开发区的不断发展壮大,中国经济实力的不断增强,以及经济环境的不断变化,开发区的功能定位也被赋予更加重要的职能,在充分利用各项优惠政策的同时,努力向开放度更大、体制更新、机制更活、功能更全的现代化、国际性综合新城区升级发展。

2. 国家级高新技术产业开发区

国家级高新技术产业开发区(China National High-Tech Industrial Development Zone）是以开放性和知识密集的环境为依托，发挥本国的科技优势和经济实力，在充分吸收借鉴国外先进科技资源和管理手段的基础上，以市场为导向，实施完善各项高新科技产业优惠政策和改革举措，完善基础环境和配套服务体系，营造良好的创新创业环境，推动高科技成果商品化、产业化的产业集中区。国家级高新技术产业开发区是国家火炬计划的重要内容，是在实施"科教兴国"战略的宏观背景下，通过学习"硅谷"经验，并结合中国实际，提出的创办科技工业园区的发展方向。自1988年，国家在"中关村电子一条街"崛起的基础上建立北京市新技术产业开发区试验区开始，中国的高新技术产业开发区建设拉开序幕。截至2019年6月，国务院已批准设立168家高新技术产业开发区，江苏依旧是拥有高新技术产业开发区最多的地区，共有17家。

表2-2　　　　各省份国家级高新技术产业开发区数量　　　　单位：家

省份	数量	省份	数量	省份	数量	省份	数量	省份	数量	省份	数量	省份	数量	省份	数量
江苏	17	广东	14	山东	13	江西	9	浙江	8	辽宁	8	湖北	8	四川	8
湖南	8	吉林	8	河南	7	福建	7	陕西	7	安徽	6	河北	5	广西	4
重庆	4	内蒙古	3	黑龙江	3	新疆	3	云南	3	上海	3	甘肃	2	宁夏	2
山西	2	贵州	2	青海	1	天津	1	北京	1	海南	1				

资料来源：根据中国开发区网整理，http://www.cadz.org.cn/。

国家级高新技术产业开发区的功能定位主要有以下几个方向：一是建立形成高新技术产业基地；二是深化高新区管理体制机制改革的实验区；三是推动产学研相结合，加速科技成果转化，强化技术创新的基地；四是对外开放的窗口；五是高新技术产业改造传统产业的辐射源；六是推动与区域融合发展的新城区。

3. 国家级海关特殊监管区

国家级海关特殊监管区是经国务院批准，设立在中华人民共和国关境内，赋予承接国际产业转移、连接国内国际两个市场的特殊功能和政策，由海关为主实施封闭监管的特定经济功能区域。海关特殊监管区域目前有保税区、出口加工区、保税物流园区、跨境工业园区、保税港区、综合保税区几种模式。截至2019年6月，中国共有143家国家级海关特殊监管区域。

国家级保税区（China Free Trade Zone）是经国务院批准设立的开展国际贸易和保护业务的区域，类似于其他国家的自由贸易区，在保税区内允许外商投资经营国际贸易，发展保税仓储、加工出口等业务，是中国与世界进行经贸往来的链接枢纽。自1990年，中国在上海外高桥建立起第一个保税区以来，中国已有广东省汕头、广州、深圳、珠海、沙头角、盐田港，福建省厦门象屿、福州，以及海南省海口、辽宁省大连、山东省青岛、天津市天津港、浙江省宁波、江苏省张家港、上海市外高桥共15家保税区启动运营。国家级保税区一般具有转口贸易、出口加工、保税仓储、进出口商品展示等功能。

与保税区相类似的，同为海关特殊监管区的还有保税港区、综合保税区。保税港区一般设立在国家对外开放的口岸港区与之相连的特定地区，与保税区有一字之差，保税港区具有更多的功能，具体包括仓储物流，对外贸易，国际采购、分销和配送，国际中转，检测和售后服务维修，商品展示，研发，加工和制造，港口作业等9项功能。目前，中国已设有包括上海洋山保税港区、天津东疆保税港区、辽宁大连大窑湾保税港区、海南洋浦保税港区、浙江宁波梅山保税港区、广西钦州保税港区、福建厦门海沧保税港区、山东青岛前湾保税港区、广东深圳前海湾保税港区、广东广州南沙保税港区、重庆两路寸滩保税港区、江苏张家港保税港区、山东烟台保税港区、福建福州保税港区在内的14家保税港区。

综合保税区是设立在内陆地区的、具有保税港区功能的海关特殊监管区域,是中国目前政策最优、层次最高、手续最简的海关特殊监管区域。和普通保税区相比,它整合原来保税区、保税物流园区、出口加工区、港口等多种外向型功能为一体,可以发展国际中转、分销配送、国际采购、对外贸易、售后服务、商品展示、保税加工及研发等业务,在形态上更开放,也更符合国际惯例。目前,中国的综合保税区数量已经超过了30家。

出口加工区（Export Processing Zone）是国家设立于沿海沿边地区,由海关特殊监管,专门生产、加工、装配出口商品的特殊封闭区,是自由贸易区的一种演化形式,也是保税区和工业园区的结合体,既可以获得保税区的相关优惠政策发展对外贸易,也可以通过工业生产实现园区工业化。自2000年4月27日,国务院正式批准设立出口加工区,目前中国已设有63家出口加工区。出口加工区的功能定位是促进加工贸易发展,实现"优化存量、控制增量、规范管理、提高水平"的"圈养式"管理。

表2-3　　　　　　　　国家级出口加工区

扬州出口加工区	常熟出口加工区	绵阳出口加工区	沈阳（张士）出口加工区
九江出口加工区	廊坊出口加工区	郴州出口加工区	慈溪出口加工区
福州出口加工区	福清出口加工区	大连出口加工区	天津出口加工区
潍坊出口加工区	天竺出口加工区	烟台出口加工区	威海出口加工区
昆山出口加工区	苏州工业园区出口加工区	松江出口加工区	杭州出口加工区

续表

厦门出口加工区	广州出口加工区	武汉出口加工区	闵行出口加工区
南京出口加工区	镇江出口加工区	连云港出口加工区	苏州高新区出口加工区
济南出口加工区	青岛出口加工区	沈阳出口加工区	嘉兴出口加工区
北海出口加工区	泉州出口加工区	淮安出口加工区	赣州出口加工区
南昌出口加工区	武进出口加工区	泰州出口加工区	合肥出口加工区
成都出口加工区	深圳出口加工区	珲春出口加工区	嘉定出口加工区
南沙出口加工区	惠州出口加工区	昆明出口加工区	金桥出口加工区
重庆出口加工区	郑州出口加工区	宁波出口加工区	芜湖出口加工区
无锡出口加工区	秦皇岛出口加工区	南通出口加工区	西安出口加工区
呼和浩特出口加工区	青浦出口加工区	漕河泾出口加工区	

资料来源：根据中国开发区网整理，http://www.cadz.org.cn/。

4. 边/跨境经济合作区

边/跨境经济合作区（Border and Economic Cooperation Zone）是中国实施沿边地区开发开放战略的重要内容，是沿边城市发展边境贸易和出口加工的区域。自1992年，国务院批准设立14个边境经济合作区开始，作为边境区域经贸发展的重要增长极，为沿边地区的开发开放做出了巨大的贡献。目前，中国已有19家边/跨境经济合作区。在边境经济合作区发展的基础上，互市贸易区、跨境经济合作区等新形式的开发开放战略合作区也在不断衍生创新。边境经济合作区的功能定位为依托地缘、政策优势，通过实施开发开放政策，以经济合作和旅游为先导，以出口加工为重点，促进边境地区经济社会发展。

表 2-4　　　　　　　　国家级边境经济合作区

满洲里边境经济合作区	二连浩特边境经济合作区	黑河边境经济合作区	绥芬河边境经济合作区
珲春边境经济合作区	和龙边境经济合作区	丹东边境经济合作区	凭祥边境经济合作区
东兴边境经济合作区	瑞丽边境经济合作区	畹町边境经济合作区	河口边境经济合作区
临沧江边境经济合作区	伊宁边境经济合作区	吉木乃边境经济合作区	博乐边境经济合作区
塔城边境经济合作区	中国老挝磨憨—磨丁经济合作区	中哈霍尔果斯国际边境合作中心	

资料来源：根据中国开发区网整理，http://www.cadz.org.cn/。

5. 其他类型国家级开发区

除以上国家级开发区类型外，国家级开发区还包括旅游度假区、台商投资区、保税物流园区、科技工业园区、金融贸易区等专门化的开发区，这些国家级开发区在推动经济转型发展，扩大对外开放，提升产业的国际化水平具有极其重要的作用。

6. 省级开发区

为推广学习各类国家级开发区设立的成功经验，中国各级地方政府也在积极兴办开发区，掀起开发区建设的热潮。在2003年，国家针对"开发区热"对开发区进行清理整顿之前，各省、市、县甚至乡镇都在谋划设立开发区，数目过多，规模过大。因而，国家在2003年以后重点对省级以下开发区进行清理整顿，保留省级开发区作为省内区域经济发展的增长极，发挥其引领辐射作用。省级开发区主要借鉴国家级经济技术开发区和高新技术产业开发区的经验模式，以各项优惠政策推动省内产业升级、外向型经济发展和高新技术产业发展。截至2019年6月，共有2053家省级经济开发区设立。

表 2-5　　　　　各省份省级经济技术开发区数量　　　　　单位：家

省份	数量	省份	数量	省份	数量	省份	数量	省份	数量	省份	数量	省份	数量	省份	数量
河北	138	河南	138	山东	135	湖南	109	广东	102	安徽	96	湖北	84	江苏	84
浙江	84	江西	79	黑龙江	74	内蒙古	69	云南	63	福建	60	甘肃	57	贵州	57
广西	50	吉林	48	山西	42	重庆	41	陕西	40	四川	41	辽宁	34	上海	23
天津	21	北京	16	新疆	12	青海	12	宁夏	12	西藏	4	海南	2		

资料来源：根据中国开发区网整理，http://www.cadz.org.cn/。

第二节　开发区形成及与城市互动发展的基础理论

一　开发区设立的理论依据

1. 区位理论

区位理论是用来解释人类经济活动空间分布和变化规律的理论，被视为是区域经济学研究的基石，对于研究开发区的设立、形成和发展也具有重要的理论价值。

对于区位理论的研究可以溯源到 1826 年德国农业经济学家冯·杜能的《孤立国同农业和国民经济之关系》一书，书中杜能提出了农业生产的圈层理论，即农业区位论。杜能假设在平原中央存在一个城市与周围的农业区形成孤立地带，周边的农业土地生产条件是均质的，除中心城市外农民与其他地区无市场联系，农民进行生产的最大动力是差异地租，而决定地租差异的是空间运输费用的不同，运输成本和距离存在线性关系，通过运费不同所形成的级差地租决定了不同圈层的作物种植，即农产品生产种类围绕中心市场呈同心圆分布，形成"杜能圈"，杜能的农业区位理论不仅是一次系统地考虑了农业生产空间配置问题的突破性研究，也为空间经济学中的区位研究开辟了新的研究范式。

其后，德国经济学家韦伯提出了工业区位理论，成为区位分析理论中影响比较大的理论。韦伯的工业区位论思想源自其1909年出版的《工业区位论》，他运用杜能的研究方法，结合德国工业发展的实际，对德国1861年以来的工业区位、人口集聚和其他工业区位问题进行综合分析，探索资本、人口、产业集聚现象的空间机制。韦伯同样运用杜能的孤立化思想，假设分析对象为孤立国家或地区，除经济因素外其他因素为均质相同的，原料及燃料产地既定，消费和需求既定，劳动供给地、供给情况和工资既定，生产交易为同一品种，运输费用为重量和距离的函数。按照韦伯理论的核心思想，任何理想的工业区位都是生产和运输成本的最小点，基于这种思想，韦伯利用数学方法和因子分析法，提出用区位因子来决定生产的区位，区位因子包含了从自然到社会的各类工业区位形成条件，各项区位因子构成了区位因子体系。区位因子可以分为三类：一般区位因子和特殊区位因子；地方区位因子与集聚、分散因子；自然技术因子与社会文化因子。其中，在韦伯分析产业的区位分布时提到了集聚因素，认识了集聚因子的重要性，其从微观角度，分析企业在区位选择时采取集聚取决于集聚所带来的成本降低。集聚可以通过两种类型带来经济效益，一是生产或技术集聚，即企业内部合作所产生的纯集聚；二是社会集聚，是由外部原因引起，主要靠大企业以相对完善的组织形式集聚在某地，吸引越来越多的企业于此集聚，形成有效的地方性集聚效应。韦伯的工业区位论提出了最小费用区位原则，为之后的学者提供新的研究思路，同时也认识到了集聚的重要作用，为产业区的形成发展奠定了理论基础。

中心地理论是继韦伯之后区位论发展的重要沿革，主要由克里斯塔勒提出，由勒施进行改进。该理论主要用于研究区域中心城市的数量和规模，是市场区分析方法的扩展。克里斯塔勒通过研究地图聚落和调查分析,认为城市具有等级序列,形成一种蜂窝状的经济结构,而以城市为中心对外的辐射范围是一个正六边形,各个定点就是次一级的中心。这一理论主要从城市或中心居民点的供应、行政、管理、交通等职能,揭示城市、中心居民点发展的基础和各等级、规模的空间关系。[1] 勒施对其改进后发展成为市场区位论,将生产区位和市场区位结合起来,认为最大利润区位的市场是蜂窝状的"正六边形""面"状市场,其不认为运输成本在区位中取决定作用,而是用利润原则同产品的销售范围联系起来进行考察,更具现实意义。[2]

古典区位理论的发展为增长极理论以及现代空间经济学、区域经济学的发展奠定了丰厚的理论基础。

2. 增长极理论

增长极理论源于区位理论和区域不平衡增长理论,最早是由法国经济学家富朗索瓦·帕鲁(Francois Perrpux)于20世纪50年代在论文《"增长极"概念》中提出,目的主要是为了解决落后地区的经济发展问题,其后欧美众多经济学家对这一理论进行了不断地完善,成为区域经济学和发展经济学领域比较成熟的理论之一。增长极理论与开发区实践之间的关系更加直接、密切。

该理论的创始人帕鲁以"不平等动力学"或"支配学"为基础,认为可见的经济增长并不是一种均衡增长模式,也不像均衡增长那样是平稳有规律可循的,是以结构变化为特点的。即"增长并非同时出现在所有地方,它以不同的强度首先出现于一些增长点或增长极上,然后通过不同的渠道向外扩散,并对整个经济

---

[1] 沃尔特·克里斯塔勒:《德国南部中心地原理》,常正文等译,商务印书馆2010年版。

[2] 奥古斯特·勒施:《经济空间秩序:经济财货与地理间的关系》,王守礼译,商务印书馆2010年版。

产生不同的最终影响"①。事实上，任何区域经济的发展过程中，各种产业和企业都无法做到以同等速度进行增长，而是此消彼长的关系。在经济增长过程中存在着有支配效果的非均衡增长点，帕鲁将其定义为"增长极"。帕鲁认为经济空间就是"存在于各个要素之间的关系"，也就是经济结构，由极核（产生离心力和向心力的中心）和各种力场组成。这里的极核（中心）表示具有支配性的经济单位，即占有主导地位的产业和创新型的企业，这种产业或企业不仅自身发展迅猛，而且可以通过辐射乘数效应带动周边产业和企业增长。

实现增长极理论由经济空间向地理空间扩展的是布代维尔。布代维尔引入了地理学中"增长中心"概念，从而对"经济空间"的内涵进行了拓展，这样经济空间不仅代表经济变量之间的结构关系，也拓展到经济现象的地域或区位关系，基于此提出"区域增长极"概念。布代维尔认为，主导产业通过两种增长效应影响区域经济增长：一是利昂惕夫乘数效应，即通过产业间相互联系的依存关系推动整个区域的经济增长；二是极化效应，即主导产业的建立或产量增加会助推原区域出现新的其他产业活动。②

赫希曼把增长极的适用范围伸向城市。赫希曼同样指出了经济不均衡增长理念，即经济进步不会同时出现在所有地区，它的出现必然会有一些强有力的因素是经济增长向原点附近集中。赫希曼也提出了极化效应，主要针对地域间的经济差距，即经济相对发达地区的经济增长对其他欠发达地区造成的负面影响，相应的，正面影响被称为涓滴效应。在区域经济发展过程中，应先经历增长极的极

---

① 姜鑫、罗佳：《从区位理论到增长极和产业集群理论的演进研究》，《山东经济》2009年第1期。
② Boudvile J. R., *Problem of Regional Economic Plan*, Edinburgh University Press, 1966.

化效应，在长期的经济发展之后，涓滴效应会超过极化效应，缩小区域差距。①

缪尔达尔于1957年在《经济理论与不发达区域》一书中提出了经济发展的扩散效应和回流效应。其中，扩散效应是指发达地区在经济发展到一定程度后，会对落后地区经济产生带动作用。回流效应指因劳动力、资本、技术等要素因报酬差异导致要素由落后地区向发达地区流动，落后地区与发达地区的区域差距不断扩大。

美国地理学家弗里德曼于1966年在《区域发展政策》一书中引入动态化、系统化思想，提出了核心—边缘理论。弗里德曼认为，区域经济的增长会推动空间结构由孤立和非平衡结构向相互联系和平衡发展的结构转变，区域差距逐渐缩小。这就揭示了增长极及其发挥作用的机制随区域经济发展水平的提高而变化的规律。

借助增长极理论发展的不断成熟，很多国家将其应用到经济实践中，欧美国家将其应用于区域经济政策的制定和区域开发的实践中，为国家干预区域经济提供可操作的理论支撑。开发区建设既是将其作为增长极，通过在特定区域制定特殊政策，吸引要素集聚，并通过产业开发、经济增长带动整个区域经济增长。

3. 产业集群理论

开发区可以被视为是某种意义上的产业集群，西方学者已对产业集群进行了大量的研究，分别从经济学、地理学、社会学、管理学等角度对其进行研究，产生了大量的研究成果。

新古典经济学家马歇尔对产业集群的关注研究较早，他在1890年出版的《经济学原理》中提到了"产业区"的概念，即大量种类相似的中小企业于某些特定的地区内集聚。马歇尔认为这种聚集

---

① 艾伯特·赫希曼：《经济发展战略》，曹征海、潘照东译，经济科学出版社1991年版。

形成的原因在于外部经济，外部经济主要包括三种类型：中间投入品共享、劳动力池和知识溢出，其中，前两者被认为是经济的外部性，即由规模效应导致的外部经济，后者是由信息和技术共享导致的外部经济。外部经济为企业间的发展提供了协同效应和创新环境，通过共享服务支持和专业化的劳动力市场，实现区域经济的健康发展，通过企业间的协同创新和技术共享，共同推动了技术进步。马歇尔的产业区理论虽然并未正式提出产业集群，但是所提到的规模经济、要素报酬递增和外部性思想为进一步的集群研究打下了坚实的理论基础。

对于产业集群的理论基础构建产生重大突破的是20世纪90年代新经济地理学的问世。美国新经济地理学家保罗·克鲁格曼从地理区位角度分析市场和竞争，认为产业的地理集中可以是"偶发事件"造成的，通过累积因果关系使得集聚的中心继续维持下去。克鲁格曼将空间因素纳入到主流经济学分析，在结合规模报酬递增和Dixit、Stiglitz提出的垄断竞争模型基础上，运用一般均衡分析框架，以运输冰山成本为前提条件，构建起中心—外围模型。中心—外围模型分析了两地区两部门的地域空间分布，当运输成本较低，规模报酬较大，市场需求较高的条件下，制造业会成为区域的集聚中心，农业成为外围，构成中心—外围结构。克鲁格曼认为产业集群是规模报酬递增引致的外部经济的产物，集中和专业化会形成规模经济，而规模经济将带来更大规模的企业集中，集群产生。克鲁格曼的新经济地理学分析了企业的区位选择，经济增长的敛散性，也分析了在运输成本控制下的规模报酬、经济外部性和集聚经济等，为产业扶持政策提供理论依据，认为通过制定产业政策可以诱发地方产业集聚的产生和发展壮大。①

迈克尔·波特也于 20 世纪 90 年代系统地分析了产业集群问题，他提出的新竞争经济理论为产业集群研究开辟了新的研究视角。波特提出了"产业集群"的概念，认为产业集群是地缘临近的相关企业和机构，基于共同性和互补性相联系成的集合，它既包括相互竞争也相互联系的产业和实体，也包括向下延伸的销售渠道、客户，以及相关辅助配套产业和研发产业公司。波特通过对 10 个重要的贸易国进行考察研究发现，国家的竞争优势主要体现在产业集群上，而产业集群的核心在于竞争力的形成和竞争优势发挥。创新是推动企业获得竞争优势根本出路，也是企业和国家提高竞争力的关键，产业集群为企业创新提供了有效途径和良好环境。波特对于竞争力的探讨不仅仅局限于企业层面，而是从企业—产业—国家三个层次探讨其竞争力关系，政府和非政府机构对集群发展也起着重要的作用。随后波特构建了著名的钻石模型，分析影响集群发展的要素，主要包括生产要素、需求条件、关联性和支撑性产业以及企业战略、竞争和结构。集群主要依靠以上四种要素相互配合，以及政府等部门的综合作用影响集群发展。②

二 开发区与城市互动关系形成及发展的理论依据

1. 城市生命周期理论

生命周期理论，本是生物学领域的研究范畴，该理论认为生命体均具有诞生、成长、成熟、衰老和死亡的过程。通过对生命周期的阶段进行划分有利于更加清晰地把握生命运动变化现象的基本规律和特征。生命周期理论被引进到社会科学领域后得到了广泛的应

---

① 转引自藤田昌久、保罗·克鲁格曼、安东尼·J. 维纳布尔斯：《空间经济学——城市、区域与国际贸易》，梁琦译，中国人民大学出版社 2011 年版。

② 迈克尔·波特：《国家竞争优势》，李明轩、邱如美译，中信出版社 2012 年版。

用，衍生出包括产业生命周期理论、国家生命周期理论、企业生命周期理论、城市生命周期理论等。城市是非农业人口的聚集地，也是一种聚落形式，其从兴起、发展到衰落具有自己独特的生命成长周期，并在不同的发展阶段呈现出不同的特征。

按照吴兵和王铮[①]的城市的生命周期理论将城市分为大都市、中小城市和开发区进行讨论。对于大都市，世界上的大都市带约于20世纪50年代开始形成，受郊区城市化的推动，在一些城市密集的地带，城市不断扩张向四周蔓延，城市与农村界线逐渐模糊，地域呈现连片趋势，形成大都市带。依据发达国家的大都市区人口增长周期变化，一些专家学者提出了有关城市化的空间周期理论，主要包括：资金、技术、人才等要素向城市集中的向心化城市阶段；受到中心城市膨胀影响，以住宅郊区化为先导的郊区城市化阶段；中心城市和郊区人口外迁的逆城市化；中心城市衰落后以高新技术产业发展吸引人口回流的再城市化阶段。这四个连续的变化阶段共同构成了大都市的生命周期。中小城市作为城市带的重要环节，也经历着兴起、成长、成熟和衰退的循环，而革命性的技术进步成为新兴城市兴起的关键因素，是影响城市生命周期的重要因子，以色列的布鲁兹和新经济地理学的代表人物克鲁格曼即用技术和城市生命周期的动力学模型来描述二者的内在联系。[②] 模型阐述了两中心城市分别采用新技术和老技术，劳动人口通过在两地移动来平衡个人福利，劳动力通过学习使得生产力上升，新中心通过技术进步导致生产力提升，工人福利增高，人口流动增加，进而推动新城市增长，老城市衰落。

---

① 转引自吴兵、王铮《城市生命周期及其理论模型》，《地理与地理信息科学》2003年第1期。

② Brezis E., P. Krugman, "Technology and the Life Cycle of Cities", *Economic Growth*, (2), 1997, pp. 326–369.

对于城市开发区的生命周期理论，国内外有部分学者做出了相关研究，Jones 和 Caves[①]的以出口加工区为基础建立开发区的理论模型，该模型假设：存在进口产品 a 和出口产品 b 两种不同的商品；存在资本和劳动两种生产要素；与产品 b 相比，产品 a 单位产出消耗的人力成本大于资本消耗；产品于海关免税生产；生产要素得到充分利用；人力资本可于出口加工区和国内自由流动，而资本不可以。模型构建了资本输出国和资本引进国，认为导致资本引进国出口加工区设立的根本原因在于劳动力价格必须低廉，而随着出口加工区内劳动力价格的上升，利润势必减少，当利润减少到零时，外商投资自然会转移到其他地区，即出口加工区的生命周期以劳动力价格上升为终结。国内学者对开发区生命周期理论阐释较多，如皮黔生和王恺、蔡宇飞[②]等均对开发区的动态发展过程进行了分析研究。

本书认为，开发区作为城市化和工业化的产物，是城市和城市经济发展到一定阶段的产物，是大都市生命周期过程中的重要环节，是城市开放、扩张、功能分离的必要过程，同时，作为独立的个体，开发区也具有个体独特的兴起、成长、成熟和衰退的循环过程，其个体的成长过程与城市的发展密切相连，互动发展，共同推进着城市化和工业化的发展以及区域经济的增长。

2. 竞合理论

竞合理论也叫合作竞争理论（Cooperation-competition theoty），其概念在 20 世纪 90 年代由美国学者内勒巴夫（Nalebuff B. J.）和布兰登伯格（Brandenburger A.）在《合作竞争》一书中提出。两

[①] 转引自 V. N. Balasubmanyam, *Export Processing Zone in Development Countries: Theory and Empircal Evidence*, Allen & Unwin, 1982.

[②] 皮黔生、王恺：《走出孤岛：中国经济技术开发区概论》，生活·读书·新知三联书店 2004 年版。蔡宇飞：《基于开发区生命周期理论的国家经济开区与高新区发展研究》，博士学位论文，华中科技大学 2013 年。

位学者主要运用博弈论的方法，结合波特的行业结构模型分析企业间的合作竞争关系。Padula 和 Dagnino[①]认为，在企业之间相互依赖关系中，其创造和分享价值的过程必然会涉及一部分利益结构相一致，而在这个结构中，竞争与合作并存，且关系密切，这就是竞合。竞争与合作是既相互联系又对立统一的矛盾同一体，二者相互作用、相互影响，并可以在一定条件下相互转换。合作并不是排斥竞争，而是在竞争中参与者可以找到相互合作的机会，也可以在合作过程中展开更好的竞争，形成新的竞合关系。竞争与合作是一种可以实现双赢效果的非零和博弈，它有效克服了传统竞争理论中的过分强调竞争弊端的理念，认为合作对于发展同样重要，是一种全新的思想。传统的竞争是以一方的获益和另一方的损失为前提的零和博弈，而竞合是管理领域的新的解决方法，促使管理者从两方面来思考如何在竞争中获得最大收益。竞合理论坚持双赢策略，避免破坏性竞争，在保证竞争对手之间存在相同的目标和价值取向后，以合作延伸边界，引致更多的机会和资源，从而提高竞争能力。

竞合理论主要具备以下特征：整体性：参与主体要视合作对象为一个整体，有共同的发展目标，在竞合过程中，任何一方制定相关决策都要考虑决策所带来的影响，推动参与方实现共赢。互动性：各参与主体要通过与对方的互动交流、协商达成最佳的合作方案。逐利性：各种参与主体竞争合作的根本目的既是为了个人利益的最大化，也是为了实现各方共赢。依存性：各方主体为了共同获利，应选择相互依赖信任，从整体利益出发，制定相关发展策略。

竞争与合作是一个矛盾的统一体，合作并不否认竞争，企业既可以在竞争中寻求合作的机会，也可以通过合作更好地展开竞争，

[①] Padula G., Dagnino G. B., "Untangling the Rise of Competition: The Intrusion of Competition in a Cooperatioe Game Structure", *International Studies of Management & Organization*, 2007, 37 (2), pp. 32 – 52.

而在合作的过程中又会产生新的竞争关系。竞争与合作是推动事物前进发展的根本动力。开发区与城市之间也存在着竞争合作关系，二者在区域资源、资本、人才、技术等领域存在着相互竞争和牵制的关系，在二者合作共存的过程中，通过不断调整自己的政策规划，完善基础设施建设，提升产业竞争力，一方面提升自身的竞争力吸引要素向本区域流动；另一方面实现与对方的互补融合发展。开发区与城市的竞合发展是城镇化建设的必然趋势，也是实现区域经济健康可持续发展的必然要求。通过竞争与合作，可以实现整个区域内的要素资源作为整体的整合，提升区域的整体竞争力，有效地克服开发区的"孤岛效应"和城市的分割发展，从而使区域整体实现最大收益。

3. 系统论

"系统"（system）一词，由来已久，在古希腊时代就被哲学家所使用，表示组合、整体和有序的含义。但一般系统论的基本思想是由奥地利学者冯·贝塔朗菲（L. Von. Bertalanffy）于20世纪30年代提出，他定义系统是若干相互联系、作用的要素构成的具有一定功能的有机综合体。他认为构成系统需要具有三个条件，一是系统是由两个或两个以上的元素或组分构成的复合统一体；二是系统的各个部分之间、部分和整体之间是相互作用和依存的；三是系统以整体方式与环境相互作用，系统通过环境作用（输入和输出）表现其功能。这样，系统与外部构成三种关系：内部要素关系、整体与个体关系、内部和外部关系，这些关系形成了系统结构。系统作为整体在不同程度上具有整体性、相关性、功能性和目的性、层次性和相对性、复杂性和动态性以及适应性等特征。整体性指系统并不是各部分的简单组合，而是各部分和层次的协调和链接，使得整体功能大于各组成要素的功能之和；相关性指要素之间相互影响作用的有机联系；功能性和目的性指系统的活动或行为可以完成一定的功能；层次性和相对性指系统由多个层次构成并逐层相关联，且系统的结构、功能和层次的动态演变具有某种方向性，使得系统有序；复杂性和动态性是指系统是变化的，也是运动的，系统的动态性使其具有生命周期，不仅开放系统与外界环境具有物质能量和信息的交换，系统内部结构也随着时间变化；适应性是指为保持恢复系统的原有特性，系统必须对环境具有适应能力。

系统一般具有以下规律：一是整体优化律，即系统由于诸要素、诸层次的有机联系和有序结构使得系统整体的质和功能优于部分的质和功能总和，在系统的自组织和自控制下，系统通过熵减机制向有序度提高运动，达到系统整体最优。二是结构质变律，即由于系统诸要素、诸层次的排列组合方式变化（结构信息增大，熵减少），而引起系统整体质和功能加强的必然过程。结构质变律服从于整体优化率，利用结构质变律，可以通过改变事物的内部结构，达到改变事物性能的目的。三是中介转化律，即由于系统诸要素、诸层次之间发生作用与反作用，对立两极通过中介实现相互过渡和相互转化的必然过程。中介转化律对于区域经济开发中向生产的广度和深度拓展，调节区域经济各种复杂关系，有着重要的实践意义。

开发区与城市之间的互动关系复杂，参与主体的发展方式各异，享受的政策和管理体制存在差异，经济发展水平也存在着一定差距，这些特点决定了开发区与城市之间的互动发展是一项复杂的系统性工程，从单一视角分析往往具有片面性。利用系统论的观点，从复杂系统视角分析参与主体的互动行为、互动方式以及互动发展的动力机制，探索如何实现良性互动状态具有重要的理论价值。

第三章 开发区与城市互动关系演化进程及机理分析

开发区自设立之日起即与城市之间存在着天然的联系，但二者之间的关系不是一成不变的，而是随着时间的变迁，形成了一个动态演进的过程。本章将就开发区的形成及其与城市关系的历史演进和发展方向问题展开分析，探讨不同类型开发区与城市互动关系演进的一般规律性，并针对这种规律性，引进种群生态学中的生态竞合模型，应用数理模型对开发区与城市互动关系形成和演化的机理进行探析。

第一节 国内开发区形成及与城市互动发展的历史逻辑

与国外开发区以及新城发展相比，国内开发区的诞生和形成带有浓厚的中国特色，是在特殊的经济社会背景下发育起来的政策载体，其脱胎于计划经济框架之下，诞生于改革开放之初，形成于中国工业化和城市化加速发展的特定阶段，是体现四十多年来中国经济社会发展的重要标志，具有深刻的时代烙印，也指引着现代化建设的前进方向。本节将具体剖析这种具有中国特色开发区模式形成的历史背景和条件，以归纳其形成及演化的历史逻辑。

一 开发区兴起的历史背景

国内开发区的兴起背景既包括世界经济一体化和新科学技术革命带来的国际产业分工合作,也包括在党的十一届三中全会后实施的改革开放战略所带来的政治经济转型。

从国际大背景来看,随着经济全球化和贸易自由化趋势的不断演进,世界范围内的新国际分工格局正处于形成阶段,发达国家对外资本输出的内容和形式都发生了新的变化,即在新技术革命的引导下,积极推进本国高新技术研发和第三产业发展,并将大部分的科技含量较低、高耗能、高污染的产业向海外转移,新兴工业国家和发展中国家成为承接其产业转移的主阵地,出现生产力的梯度转移,国际分工合作进一步加强,开始建立起新的国际分工体系。这种不断加深的国际分工合作推进了新兴工业国家和发展中国家的经济性特区形成和迅猛发展,也为中国的经济发展带来了难得的机遇,开发区建设应运而生。

从国内背景来看,1978 年党的十一届三中全会后,我国开始实行对外开放基本国策,并针对经济体制进行改革,逐步实现由封闭经济向开放经济、计划经济向市场经济的双重转型。可以说,开发区建设是中国实行对外开放政策的直接产物,自 1979 年在深圳、珠海、汕头、厦门兴办 4 个经济特区开始,到 1984 年设立 14 个沿海开放城市,建设国家级经济技术开发区,开发区成为中国发展现代工业、吸收利用外资、实现出口创汇的主要载体。逐步开展并不断深化的经济体制改革为开发区的形成发展提供了深厚的制度、政策和思想文化基础。开发区设立兴起于中国经济体制转换和制度创新的关键期,通过对城市经济体制改革和现代企业制度的建立,为开发区打破了体制和制度束缚,在市场机制建设、投资制度、企业制度、法律制度、管理制度等方面的改革和创新,为开发区的形成发展提供了制度保障。同时，在思想文化领域的改革也打破了传统封闭保守思想的桎梏，提高了人们参与开发区建设的积极性。

二 开发区形成发展的历史条件

1. 区位条件

中国开发区经过四十多年的发展，数量众多，种类多样，因而其设立和形成的区位条件也不尽相同。早期沿海经济技术开发区设立之初的主要目标是为了大力发展"资金以外资为主、产业以新技术为主、市场以出口为主"的外向型经济，承接发达国家资金、劳动密集型产业的梯度转移和技术扩散，吸引和借助国外的生产要素与本国优势要素结合，加快经济发展，这在客观上要求开发区的建立必须更有利于接近国际市场，有便利的对外交通运输条件，周边经济基础良好，基础设施投入建设较快，有良好的投资环境等，中国东南及东部沿海地区具备优越的地理位置便于发展对外经贸合作，并且从历史上具有悠久的开埠通商传统，开放经商理念较内陆深厚并有"侨乡"基础，因此早期开发区一般选择设在沿海港口或沿海开放城市附近。在大力发展外向型经济的同时，吸取美国"硅谷"等科技园区经验，国家也同样重视高新技术产业的发展，选择在科研实力雄厚、科技企业集聚的北京中关村地区建立北京市新技术产业开发试验区，从此高新技术产业开发区建设拉开了序幕。20世纪90年代，开发区区位选择开始伴随着对外开放政策的推进由沿海向沿边、沿江及内陆省会及大型城市扩散，同样是依托母城便利的交通条件、发展较好的经济基础、优良的基础设施以及不断推进的市场经济改革所带来的政策红利，这些国家级经济技术开发区、边境经济技术合作区、出口加工区、保税区等获得加速发展。进入21世纪，随着国家区域协调发展战略的提出，为平衡区域发展不平衡趋势，中央开始实施西部大开发、东北老工业基地振兴、中部崛起等区域发展战略，沿海、沿边开发区建设所取得的成功经验开始向中西部地区乃至全国推广，作为国家区域协调发展战略的重要载体以及内陆城市经济体制改革的"试验区"，这一时期开发区的区位选择开始由内陆中心城市向大中城市铺开，开发区数量、种类快速增加，开始从散点性布局向群体性布局转变，开发区之间、开发区与城市之间的联系愈加紧密。受开发区发展要求及规律限制，考虑资金、环境、要素成本等作用，开发区在城镇体系中更多地向规模较大的城市集聚，同时为降低开发成本，获得廉价土地、共享城市基础设施、营造较好的外部环境，以及便于城区具有知识和技术劳动力流动，大部分开发区将区址选择在城市边缘区或近郊区，成为城市郊区化的重要推动力。

2. 要素禀赋

生产要素是开展生产活动必备的主要因素，也是影响国家和地区经济发展的重要因素。要素禀赋指一个国家或地区所拥有的资源的存在状况，是一个动态演化过程，区域经济发展的前提下，要素禀赋会随着要素的种类、数量、质量的变化而变化。要素禀赋是影响区域和国际分工的重要因素，也是开发区这种特殊功能区诞生的前提，决定着开发区的类型、功能及发展方向。

随着时代和区域经济发展的变迁，影响开发区形成发展的要素禀赋也随之变化。早期开发区的形成，主要受改革开放所赋予的优惠性扶持政策以及发达国家对外资本、劳动密集型产业转移的需求影响，开发区依托城市经济在土地、资金、技术、劳动力等要素供给及调动上具有较大的比较优势，在吸引外商投资、发展资本密集型和劳动密集型产业、加强对外经贸合作中更具竞争力，可以迅速形成一批经济技术开发区、出口加工区、保税区等外向型经济园区。而随着区域经济的发展、技术的进步，全球价值链及分工价值链攀升，以及开发区政策性推动力减弱，依靠廉价土地、劳动力以及投资拉动等传统生产要素对区域经济增长的作用式微，开发区的设置更加依靠科技、人才、信息等更高级的要素禀赋，形成高新技术产业开发区、科技园区等创新驱动型开发区，以及依托自身所拥有的特殊禀赋形成专业化、专门化产业区。在发展过程中，更加注重增强要素的流动性，实现区域要素的协同共享，推动开发区之间、开发区与城市的互动发展。

3. 政策及体制机制

政策驱动是我国早期开发区诞生及发展的关键条件，在实施对外开放战略的宏观大背景下，为了吸引国内外先进生产要素快速集聚于开发区，并实现与国内生产要素的有机结合和优化配置，开发区必须通过向投资者提供大量的优惠政策，营造良好的投资氛围，这些优惠政策主要包括税收优惠政策、土地政策、人才引进政策、金融支撑政策、进出口及外商投资政策等，同时在项目审批、企业经营管理等方面赋予较大的自主权，在法律法规、管理条例等方面维护外来投资者的利益。尤其在开发区初创之时，在国家尚未形成专项财政投入，各项投融资机制、市场机制并不完善的前提下，各种政策的引导、扶持和调节关系到开发区成败。

在政策驱动发挥重要作用的同时，有别于传统计划经济体制的市场经济体制和与市场经济体制配套的行政管理体制正在同步建立，并不断地深化改革。在对开发区的管理和运营过程中，逐渐突出市场的导向作用，综合利用税收、土地、海关、金融等工具调节推动开发区的有序运行，确立起符合经济发展规律、高效灵活的管理体制和运行机制。

第二节　开发区与城市互动关系的建立及演化阶段

通过对开发区形成发展的历史逻辑可以看出，开发区的诞生及发展过程并不是孤立的，而是在依托周边城市经济发展、要素优化及体制机制建立完善的基础上形成的。开发区作为现代城市体系的重要组成部分，在与城市之间的关系上既存在着一定的独立性，又在诸多方面与城市具有千丝万缕的密切联系。实践经验表明，自开发区诞生开始，开发区与城市之间的关系经过一定时间和过程的演化，从相对独立分离到竞争合作逐渐走向融合共生。按照开发区与所依托城市（母城）的互动关系演进阶段划分，可以分为分离竞争发展、竞争合作发展、融合共生发展三个阶段。

一 分离竞争的互动生成阶段

从开发区发展视角来看，这一阶段是开发区设立到形成新的产业空间、成为区域经济增长极的时期，而从城市角度来看，这一阶段是城市产业、人口以及功能的空间外溢时期。开发区一方面是改革开放的产物，在出口驱动以及国家和地区赋予的多项优惠性政策中成长，另一方面是国家工业化和城市化发展的重要实现路径。这主要体现在开发区诞生前，所依托的主城区即在计划经济体制下形成了良好的工业基础，大量的人口和企业不断在城区中集聚发展，城市规模随着人口和产业布局的增多而逐渐增大，城市功能逐渐向综合性发展并开始功能分化，在城区产业和人口达到一定规模上限后，开始出现城市空间和功能外溢的现象，大量的工业用地开始从主城区搬迁到位于城区附近的开发区内，开发区开始承担起城区的部分工业化职能，这是开发区与城市互动的开端。

由于这一阶段的开发区成长主要是政策和投资驱动，其增长方式表现为注入式增长，通过不断地吸引外部资源和投资来实现自身的原始积累和扩张，因而，开发区在设立之初，对周边城市的关系体现为竞争和索取，通过对母城资金、技术、劳动力以及基础设施的吸引或共享以实现开发区的启动发展。这一时期，大部分的投资和关注点都集中在开发区建设上，大量的人力、物力、资金、技术等资源被开发区吸纳掠夺过去，势必会影响旧城的更新和改造进程，牺牲母城的利益，且开发区在初创阶段，实力弱小，在产业结构、经营管理方面与母城关联较少，呈现出"孤岛式"发展模式，对于母城的回馈作用微弱，反而表现出强烈的极化效应，与母城在人财物等方面产生激烈的竞争，这在一定程度上抑制了母城的发展。

这一阶段的开发区主要承担的还是单一的工业化职能，而对于缓解母城人口过度集聚等城市化职能尚未形成，从公共服务的供给角度，主要是生产性基础设施（如道路、供水、供电、通信等）的建设和完善，对于生活性基础设施供给不足；从公共服务需求视角，开发区在这一阶段对劳动力的文化素质、技术水平要求较高，因而区内主要人口为拆迁安置人员、外来务工人员和通勤人员，职住分离的潮汐现象非常明显，一方面对通勤交通的要求较高；另一方面常住人口的缺乏使得对生活性公共产品需求不多，区内城市化发展速度相对滞后于工业化发展。

这一阶段，开发区刚刚起步的工业化基础以及滞后的城市化水平，使得其在要素吸引、公共服务供给等方面仍要靠与城市竞争索取，发展处于独立发展阶段，与城市之间的合作互动较少。

二 竞争合作的互动成长阶段

这一阶段，开发区自身实力不断增强，规模不断发展壮大，功能日益完善，逐渐由功能单一的工业园区向集工、商、贸、住等综合性城市新区或新城转变。伴随着开发区的成长，开发区与城市的关系也开始发生变化，不再单纯地通过与母城开展竞争和索取来实现自身的发展，反而利用其高速发展形成的"增长极"优势，实现对周边区域的辐射扩散，带动城市及周边区域发展。开发区与城市的联系日益紧密，二者在各个层面都呈现出相互影响、互动发展的局面。

尽管这一时期的政策驱动效应减弱，但前期完成的原始积累开始在这一阶段释放并形成良好的运营机制，经济仍然保持着高速发展并显现出旺盛的活力，与主城区产业相比仍具有显著的比较优势，开发区开始依靠自身的经济发展摆脱对母城的从属地位，开发模式开始从外延式扩张向内涵式提升转变。开发区与城市最直接的互动体现在产业关联上，随着开发区内产业规模的扩张和产业结构的完善，区内企业开始实现集群化和链式发展，通过与区内及周边企业的前向、后向关联带动区域产业的发展和整体产业结构的优化升级。而伴随着开发区内主导产业的发展壮大，劳动力需求不断增加，与之配套的生产性服务业和生活性服务业需求开始增多，刺激了开发区内第三产业的形成和发展，就业岗位增多，吸引人口和要素向开发区内聚集，开发区与城市在人口和要素交流上愈加频繁。此外，开发区在与城市内的资金、市场、技术以及科研成果转化等方面的交流日益增多，开始形成竞争合作的局面，互动效应显著。

这一时期的开发区功能不再是简单的"工业化"职能，开始承担起向新区新城转型的"城市化"职能。开发区与城市在城市化方面的互动体现了内外两种张力的共同作用：一方面，母城城市化的快速推进，使得城区人口迅速膨胀，人口增长超过城市的空间限制，产生了一系列城市问题，城市迫切需要向郊区或其他产业园区疏散过剩人口；另一方面，随着开发区的不断发展壮大并逐步提升其综合性服务功能，开发区逐步具备了承载城区人口外溢和生活性服务功能扩张的职能，并且产业区内第二、第三产业不断发展，对劳动力要素的需求愈加迫切，也急需解决职住分离所带来的通勤交通压力。

因而，这一阶段的开发区与城市互动，不再只是单纯的竞争和索取关系，变成了开发区与城市之间的深度竞争合作，二者在多个的层面展开的竞争与合作有力地驱动了区域的工业化和城市化进程。

三 融合共生的互动成熟阶段

这一阶段是开发区发展的成熟阶段，也是与城市实现融合共生发展的阶段。处于成熟发展阶段的开发区可以被视为具备完善的区域交通网络以及基础设施和公共服务体系，达到适度的人口密度，空间布局合理，功能种类齐全的一般意义上的综合城区。开发区的特区属性逐渐消亡，逐渐打破开发区与非开发区之间的各种"界线"，开发区与城市的关系进化为与城市协同的融合共生局面。

这一时期的开发区发展已经不需要依赖政策实现增长，而是依靠自身的经济实力、体制机制优势和创新驱动来保持其在区域经济增长中的引领地位。开发区在对母城实现全面反哺的同时，与母城之间的深层互动和功能整合也随即展开。这一阶段的开发区已经形成具有显著优势的专业化产业集群，产业结构不断升级换代，产业发展方向不断向高新技术和新兴产业转型，园区内形成分工协调、布局合理、纵深、完整的一体化产业链条。通过产业链条的不断延伸，开发区与城市和周边地区的产业前向、后向关联不断深化，呈现出网络化、一体化的趋势，涉及的产业门类、数目、规模、层次逐渐增多。开发区内第二、第三产业呈现均衡发展态势，生产性服务业和生活性服务业快速发展，基础设施完备，投资环境及投资结构优化，使得开发区在产业、资金、人才、制度等方面存在明显的主导优势，可以在城市甚至都市圈内辐射带动更大范围区域经济的发展。

随着开发区实力的增强，开发区自身的结构和功能不断完善，已经具备足够的能力实现与城市在工业化和城市化上的互动以至融合共生。开发区可以在城市更新、退二进三、人口疏解等方面与母城配合，不仅在地域空间上实现融合，而且在公共产品和服务供给方面也会形成一体化供给的局面。开发区不再是母城近郊的简单功能分区，而是升华为功能强大、充满活力的新区或新城，实现与城市在多种要素和信息上的交互流动，通过要素间的流动实现城市的更新升级和开发区的内部填充完善及组织结构优化。

这一阶段，开发区与城市的关系不再是依赖、掠夺等竞争或偏利模式，而是通过群体化的区域协作实现互利共赢，开发区与城市所构成的城市系统逐渐形成一个关联程度较高、有机融合的共生经济体。

第三节 基于生态竞合模型的开发区与城市互动演化机理分析

通过上文的分析可以得出，开发区自诞生之日起，即与城市之间存在着密切、不可分割的互动关系，这种互动关系随着时间的演进呈现出不同的阶段性特征，在二者关系演进过程中既存在着激烈的竞争也有着协同合作甚至于共生发展，是一个竞争合作共生演化过程，具有许多与生物群落演化相似的特征。鉴于此，本节认为可以将生态学中的竞合模型引入到开发区与城市关系演化的分析中，将开发区与城市视作一个复杂巨系统，构建起开发区与城市竞争合作演化模型，深入研究二者关系演化的动态过程，分析各阶段的动态演化规律。

一 开发区、城市与生物群落的相似性分析

开发区、城市与生物群落具有一定的相似性，这是将生态学理论引入开发区与城市互动系统分析的前提。首先，群落系统构成一

致。种群是指同种有机体的集合群，群落是不同生物种群的集合，生态系统是在一定空间范围内，各个群落与环境交互作用所形成的可以实现物质、能量、信息、物种等功能流动的开放系统。同样，开发区与母城所构成的城市共同体即在一定地域范围内，由各个功能区子系统与发展环境相互作用所形成的实现功能流动的开放系统。其次，群落发展特征一致。开发区、城市与生物群落均具有层次性、多样性、周期性、适应性等特征。在层次上，生物群落分为群落、种群、生物个体，城市共同体分为功能区、产业、企业；在多样性上，生物种群具有不同营养等级和类型的物种，城市共同体的各功能区具有不同的职能和规模；在生命周期上，都经历产生、发展、成熟、衰退或进化的阶段；在适应性上，均具有自增强和自适应的能力。最后，各构成单元关系基本相同，生物群落和城市共同体的各个构成单元之间均具有竞争、协同和共生关系。

开发区、城市与生物群落的相似性，为本章引用生态学原理研究开发区与城市演化提供了理论基础。尤其是近年来，基于Logistic方程的种群生态理论日趋成熟，并伴随着学科交叉发展进程，这一理论被越来越多地引入社会科学的研究领域，为进一步研究社会经济系统的演化方向提供了新的可能。

二　城市与开发区发展演进的一维 Logistic 增长模型

Logistic 方程广泛应用于生态系统中的动植物成长发育和繁殖过程研究，对于研究城市与开发区个体演化过程具有较强的适用性。

本节侧重从经济发展角度讨论城市与开发区的演进过程，假设城市与开发区的成长过程均服从 Logistic 增长，种群密度 N 的内生和外生变化简化为城市或开发区的经济规模，以 GDP 量化，GDP 的变化反映了城市或开发区经济规模的演化进程；城市与开发区经济规模的变化受到自身经济发展水平,即内禀增长率 r 的影响,以区域经济增长率表示;在特定时间内,区域的资源要素禀赋一定,经济规模存在一个最大潜在水平 K,且经济增长率受到资源、市场饱和度的阻滞作用;这样相对独立的城市或开发区的经济规模与所处环境之间的关系可以用 Logistic 模型表示为:

$$\begin{cases} \dfrac{dN(t)}{dt} = rN(t)\left(1 - \dfrac{N(t)}{K}\right) \\ N(t_0) = N_0 \end{cases} \quad (3-1)$$

其中,$N(t)$ 表示城市或开发区的经济规模为随着时间 t 变化的函数,这里时间 t 不仅代表一般时间概念,还包括政策、资金、信息、技术等影响区域经济发展的外部因素变化;r 表示城市或开发区的经济增长率或内禀增长率,$r>0$;K 表示在特定区域或资源条件下,开发区或城市经济所能达到的最大规模;$rN(t)$ 体现了区域经济增长趋势;$\left(1-\dfrac{N(t)}{K}\right)$ 被称为 Logistic 系数,代表资源、环境、市场等对城市或开发区经济增长的阻滞作用;t_0 为方程初始值,设初始值为 $t_0=0$,N_0 是初始条件下的最大经济规模。

随着城市或开发区经济规模 N 的增加,$rN(t)$ 越大,$\left(1-\dfrac{N(t)}{K}\right)$ 越小,这样经济规模由上述两因子共同作用结果决定,可得到:

$$N(t) = \dfrac{K}{1+\left(\dfrac{K}{N_0}-1\right)e^{-rt}} \quad (3-2)$$

当 $t\to +\infty$ 时,$N(t)\to K$,种群密度(经济规模)趋向于极限值 K,而与初始值 N_0 无关。当 $0<N_0<K$ 时,可求得关于 $N(t)$ 的二阶导数:

$$\dfrac{d^2 N(t)}{dt^2} = rN\left(1-2\dfrac{N}{K}\right)\left(1-\dfrac{N}{K}\right) \quad (3-3)$$

通过二次微分可得到城市或开发区发展的速度曲线，令 $\dfrac{d^2N(t)}{dt^2}=0$，求得演化曲线的拐点 $N=K/2$，此时，$t^*=\dfrac{1-c}{r}$，$\dfrac{dN}{dt}=\dfrac{rK}{4}$。当 $N(t)<K/2$ 时，$\dfrac{d^2N(t)}{dt^2}>0$，城市或开发区处于起步期，受环境容量的制约较小，增长的加速度为正，规模增速递增；当 $N(t)>K/2$ 时，$\dfrac{d^2N(t)}{dt^2}<0$，城市或开发区增长的加速度为负，这时期种群密度趋向饱和，规模增速递减并逐渐趋于 0。

对方程三次微分可求得加速度曲线：

$$\dfrac{d^3N(t)}{dt^3}=r^3N\left(1-\dfrac{N}{K}\right)\left[K-(3-\sqrt{3})N\right]\left[K-(3+\sqrt{3})N\right] \tag{3-4}$$

令 $\dfrac{d^3N(t)}{dt^3}=0$，则当 $N_1=\dfrac{K}{3+\sqrt{3}}$，$N_2=\dfrac{K}{3-\sqrt{3}}$ 时，曲线出现拐点，对应 $t_1=\dfrac{\ln(2-\sqrt{3})-c}{r}$，$t_2=\dfrac{\ln(2+\sqrt{3})-c}{r}$，当 t_1 时，$\dfrac{dN}{dt}=\dfrac{rK}{6}$，当 t_2 时，$\dfrac{dN}{dt}=\dfrac{rK}{6}$。

综上，可得到城市或开发区发展 Logistic 曲线、发展速度曲线和发展加速度曲线（见图 3-1）。

通过对城市或开发区的 Logistic 方程基本性质分析可以对二者的发展阶段进行划分。第一阶段为起步阶段（$0<t<t_1$），在该阶段，$0<N<\dfrac{K}{3+\sqrt{3}}$，所以 $\dfrac{d^2N(t)}{dt^2}>0$，$\dfrac{d^3N(t)}{dt^3}>0$，处于起步期的城市或开发区依靠自身区位条件、要素禀赋或政策优势等驱动因素为自身发展进行原始积累，各种生产要素不断在区域内积聚，推动自身经济规模不断扩大，能力不断增强，此时的增长速度和加速度都呈现递增状态，并在增长速度达到第一个拐点，也就是上升阶段

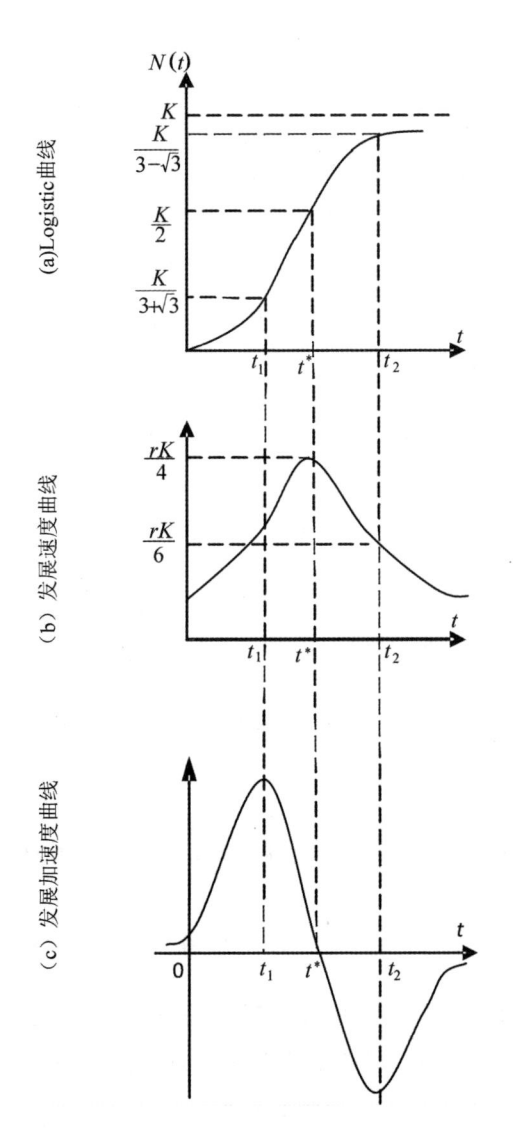

图 3-1 开发区或城市发展的 Logistic 及速度、加速度曲线

的拐点 $\left[t_1, \dfrac{rK}{6}\right]$ 处，加速度达到最大值。

第二阶段为成长阶段（$t_1 < t < t^*$），在该阶段，$\dfrac{K}{3+\sqrt{3}} < N <$

$\frac{K}{2}$，所以$\frac{d^2N(t)}{dt^2}>0$，$\frac{d^3N(t)}{dt^3}<0$，处于成长阶段的城市或开发区在完成起步期的积累后，规模经济效应逐步显现，经济增长和扩张能力逐渐攀升，发展水平和质量均得到了极大的提升，在内部形成了良好的自组织运营机制，可维持经济体健康有序发展，这一阶段，城市或开发区的增长速度仍处于递增趋势，但随着规模的逐渐扩大，资源、环境、市场等阻滞因素开始作用，加速度减小逐渐趋于0，在$K/2$时，增长速度达到最大。

第三阶段为成熟阶段（$t^*<t<t_2$），在该阶段$\frac{K}{2}<N<\frac{K}{3-\sqrt{3}}$，所以$\frac{d^2N(t)}{dt^2}<0$，$\frac{d^3N(t)}{dt^3}<0$，城市或开发区在经过多年的发展后，经济规模和发展能力逐渐接近饱和，越来越受到阻滞因素的制约，增长速度和加速度都在减小，原有驱动经济增长的动力明显减弱，在拐点处$\left[t_2,\frac{rK}{6}\right]$加速度达到极小值，城市和开发区发展达到成熟。

第四阶段为扩张融合阶段（$t_2<t<\infty$），该阶段$\frac{K}{3-\sqrt{3}}<N<K$，所以$\frac{d^2N(t)}{dt^2}<0$，$\frac{d^3N(t)}{dt^3}>0$，城市或开发区发展进入"后成熟期"，经济规模和发展能力向饱和状态逼近，增长速度越来越慢甚至停止增长。这阶段于城市而言，在实现完全成熟后，受资源、环境及市场容量等影响，主城区发展达到上限，一方面实现自身的转型升级，提高发展质量；另一方面需要利用其工业化、城市化进程向外扩张，开辟新的功能分区来分化城市职能，开发区应运而生。于开发区而言，在开发区完全成熟后，可以进化为城市的综合新区或新城，同样具备向外扩张辐射的能力，与城市等周边区域的分界逐渐消失，实现融合一体化发展。

三 开发区与城市竞合发展的二维 Lotka—Volterra 模型

上小节具体分析了在相对独立条件下,城市与开发区个体发展的一维 Logistic 演进过程。本小节尝试将二者纳入到扩展的 Logistic 模型中,利用二维 Lotka—Volterra 模型①,结合前文对开发区与城市互动发展阶段特征的分析,从数理角度模拟二者互动行为的演化进程机理。

假设在开发区和城市构成的城市共同体系统中,开发区与城市子系统间存在竞争与合作关系,竞争与合作作为推动系统演化的根本动力,在系统演化过程中发挥着不同的作用。在竞争关系下,开发区与城市相互作用产生正、负两种效应,正效应主要体现在双方通过竞争实现了经济效率的提升,竞争力的增强;负效应则体现为双方在激烈竞争前提下通过对有限资源的占有给对方带来的阻滞作用,为简化起见,在不影响分析的前提下,本节提到的竞争只具有阻滞作用。在合作关系下,开发区与城市实现了资源优化配置,保证系统内要素的利益最大化,本节默认通过合作可以产生正向的积极作用。这样,可以得出开发区与城市之间的竞合模型:

$$\begin{cases} \dfrac{dN_1}{dt} = r_1 N_1 \ (\dfrac{K_1 - N_1 - a_{12}N_2 + b_{12}N_2}{K_1}) \\ \dfrac{dN_2}{dt} = r_2 N_2 \ (\dfrac{K_2 - N_2 - a_{21}N_1 + b_{21}N_1}{K_2}) \end{cases} \quad (3-5)$$

其中,N_1($N_1 \geq 0$) 和 N_2($N_2 \geq 0$) 分别代表开发区和城市的经济规模;r_1 和 r_2 分别为开发区和城市的内禀经济增长率;K_1

---

① Lotka—Volterra 模型是在描述种内竞争的 Logistic 模型的基础上发展起来的,描述种间竞争的演化的经典模型,分别在 1925 年、1926 年由美国生态学家 Lotka 和意大利数学家 Volterra 提出并被广泛应用于生态系统内竞争扩散机制分析之中。

($K_1 > 0$) 和 K_2 ($K_2 > 0$) 分别表示在特定区域或资源条件下，开发区和城市经济所能达到的最大规模；a_{12} 是城市对开发区经济规模增大的抑制系数，b_{12} 是城市对开发区经济规模增大的促进系数；a_{21} 是开发区对城市经济规模增大的抑制系数，b_{21} 是开发区对城市经济规模增大的促进系数；t 表示城市或开发区的经济规模为随着时间 t 变化的函数，随时间动态演化。分析开发区与城市的竞争合作关系，没有必要解出两式的解，只需对平衡点进行稳定性分析，平衡点即求得 $\frac{dN_1}{dt}=0$ 和 $\frac{dN_2}{dt}=0$ 的实数解。依据微分方程几何理论，通过分析系统等斜线 $\frac{dN_1}{dt}=0$ 和 $\frac{dN_2}{dt}=0$ 的相交情况和等斜线上系统轨线的走向，若存在区域使得 N_1 和 N_2 分别从初始点出发，当 $t \to +\infty$ 时，N_1 和 N_2 分别趋向于 K_1 和 K_2，则平衡点是稳定的。鉴于模型的复杂性，本节将从以下几个方面解析模型特点和内涵。

1. 互动关系生成阶段的竞争演化模型

当开发区与城市各种孤立存在，不存在合作关系时，双方呈现出分离竞争的关系，这时 $a_{12} > 0$，$a_{21} > 0$，$b_{12} = b_{21} = 0$，模型变化为：

$$\begin{cases} \frac{dN_1}{dt} = r_1 N_1 \left(\frac{K_1 - N_1 - a_{12}N_2}{K_1} \right) \\ \frac{dN_2}{dt} = r_2 N_2 \left(\frac{K_2 - N_2 - a_{21}N_1}{K_2} \right) \end{cases} \quad (3-6)$$

令 $\frac{dN_1}{dt}=0$ 和 $\frac{dN_2}{dt}=0$ 可得到定态解 E_1 (0, 0)，E_2 (0, K_2)，E_3 (K_1, 0)，E_4 $\left(\frac{K_1 - a_{12}K_2}{1 - a_{12}a_{21}}, \frac{K_2 - a_{21}K_1}{1 - a_{12}a_{21}} \right)$，可以分成以下四种情况。

(1) 由图 3-2 (a) 可知，当 $K_1 > a_{12}K_2$ 且 $K_2 < a_{21}K_1$ 时，系统

第三章 开发区与城市互动关系演化进程及机理分析

等斜线 $L_1: r_1N_1\left(\dfrac{K_1-N_1-a_{12}N_2}{K_1}\right)=0$ 与 $L_2: r_2N_2\left(\dfrac{K_2-N_2-a_{21}N_1}{K_2}\right)=0$ 将平面 $(N_1, N_2 \geqslant 0)$ 划分为 3 个区域 $P_1: \dfrac{dN_1}{dt}>0$、$\dfrac{dN_2}{dt}>0$；$P_2: \dfrac{dN_1}{dt}>0$、$\dfrac{dN_2}{dt}<0$；$P_3: \dfrac{dN_1}{dt}<0$、$\dfrac{dN_2}{dt}<0$。

具体分析如下，若初始点落在区域 P_1，则开发区与城市的种群（经济规模）增长率均大于 0，随着时间的推进以及推拉合力的作用，平衡点将向相平面的右上方移动至 P_2 区域；若在 P_2 区域，开发区的种群增长率大于 0，城市的种群增长率小于 0，平衡点向右下方移动，向平衡点 $E_3(K_1, 0)$ 趋近或进入 P_3 区域，但 P_3 区域种群增长率均小于 0，且种群（经济规模）在边界线上达到最大值，所以不可能在 P_3 区域稳定，平衡点将向左下方移动，或趋向平衡点 $E_3(K_1, 0)$ 或进入 P_2 区域，若进入 P_2 区域将继续动态循环，因此，这种情况只能是趋向于平衡点 $E_3(K_1, 0)$，即开发区方获得最后胜利。

（2）由图 3-2（b）可知，当 $K_1<a_{12}K_2$ 且 $K_2>a_{21}K_1$ 时，平面 $(N_1, N_2 \geqslant 0)$ 划分为 3 个区域 $P_1: \dfrac{dN_1}{dt}>0$、$\dfrac{dN_2}{dt}>0$；$P_2: \dfrac{dN_1}{dt}>0$、$\dfrac{dN_2}{dt}<0$；$P_3: \dfrac{dN_1}{dt}<0$、$\dfrac{dN_2}{dt}<0$，同理可得到演化平衡点 $E_2(0, K_2)$，此时城市方获得胜利。

（3）由图 3-2（c）可知，当 $K_1<a_{12}K_2$ 且 $K_2<a_{21}K_1$ 时，平面 $(N_1, N_2 \geqslant 0)$ 划分为 4 个区域 $P_1: \dfrac{dN_1}{dt}>0$、$\dfrac{dN_2}{dt}>0$；$P_2: \dfrac{dN_1}{dt}>0$、$\dfrac{dN_2}{dt}<0$；$P_3: \dfrac{dN_1}{dt}<0$、$\dfrac{dN_2}{dt}>0$；$P_4: \dfrac{dN_1}{dt}<0$、$\dfrac{dN_2}{dt}<0$，同理可得到演化平衡点 $E_2(0, K_2)$ 和 $E_3(K_1, 0)$，开发区或城市处于不稳定的竞争状态，竞争结果取决于初始规模比。

（4）由图 3-2（d）可知，当 $K_1 > a_{12}K_2$，$K_2 > a_{21}K_1$ 且 $a_{12}a_{21} < 1$ 时，平面（N_1，$N_2 \geq 0$）划分为 4 个区域 P_1：$\frac{dN_1}{dt} > 0$、$\frac{dN_2}{dt} > 0$；P_2：$\frac{dN_1}{dt} > 0$、$\frac{dN_2}{dt} < 0$；P_3：$\frac{dN_1}{dt} < 0$、$\frac{dN_2}{dt} > 0$；P_4：$\frac{dN_1}{dt} < 0$、$\frac{dN_2}{dt} < 0$，开发区与城市会趋向于稳定解 $E_4\left(\frac{K_1 - a_{12}K_2}{1 - a_{12}a_{21}}, \frac{K_2 - a_{21}K_1}{1 - a_{12}a_{21}}\right)$，即二者竞争的结果是在系统中稳定共存。

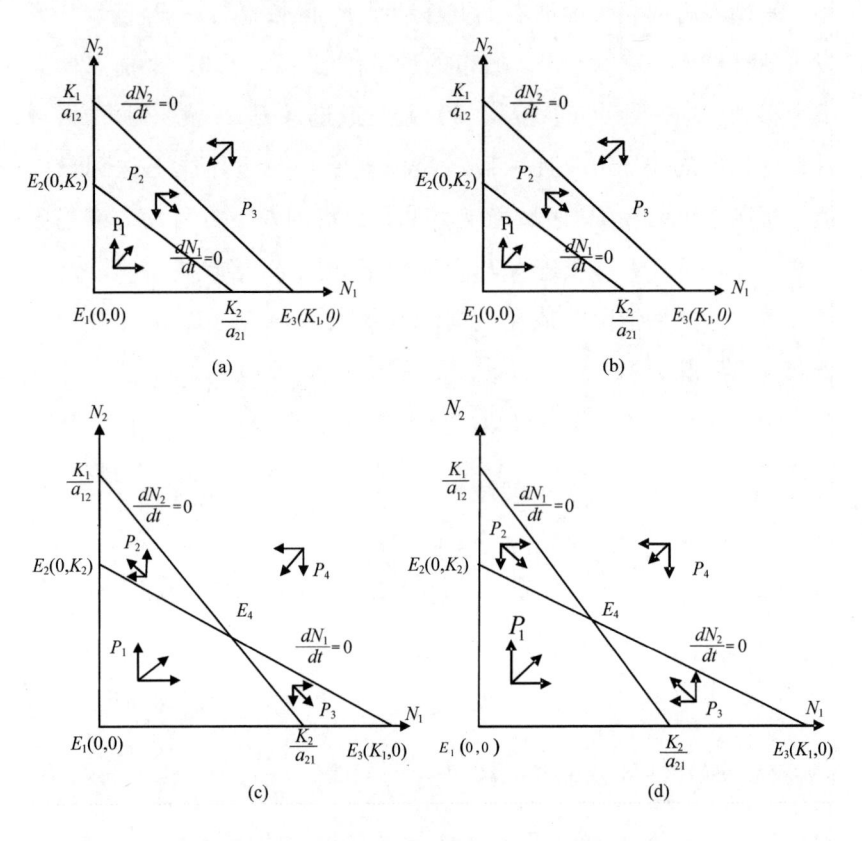

图 3-2 互动关系生成阶段的竞争演化模型

总的来说，在竞争演化模型的四种情况中，生成期的开发区与城市关系并不稳定，处于一种动态变化的过程，或者单独一方获胜或者继续竞争或者在竞争中形成合作机制。互动关系生成期也是开发区的形成发展期，开发区迫切需要通过外界资源、要素的注入来实现原始积累，并通过一定的驱动机制使自身不断发展壮大，以避免自己过于弱小的经济规模和发展能力受到周边城市、区域极化效应的影响被淘汰出局；而城市在这一时期是一种被动的竞争与合作，在资金、技术、资源、市场等方面对开发区进行扶持与共享，同时也要承受形成发展期的开发区对区域内资源要素抢占所形成的竞争压力。如情况（1）所示，开发区的最大经济规模大于受到竞争抑制作用影响后的城市最大规模，而城市的最大经济规模小于受到竞争影响后的开发区规模，即在竞争条件下开发区的发展潜力大于城市，开发区只有通过竞争才能获得最大的发展规模，合作并不是促进其发展的最优决策，所以开发区通过竞争使自己胜出。同理，在情况（2）中，处于竞争环境下的城市仍然具有巨大的发展潜力，在经济发展中占据绝对优势，而弱小的开发区无法与其形成激烈竞争，更无法从合作中获得所需的资源要素，无法在竞争中逐渐成长起来，所以城市在竞争中获胜。在情况（3）中，开发区和城市都寄希望于在竞争中达到均衡状态，但受限于激烈的竞争，对整个城市共同体而言，并没有实现效用最大化，不是最佳稳定状态。而与情况（3）相对应，在情况（4）中，开发区和城市各自的最大经济规模均大于另一方受到竞争抑制后的最大经济规模，也就是双方在竞争环境中都可以获得进一步的均衡发展，实现整个系统效益的最大化，是在竞争模式下相对稳定的状态，双方在系统中共存，并开始在由互动关系生成期向成长期演进的过程中选择合作以推动自身和系统的进一步发展。

2. 互动关系成长阶段的竞争合作演化模型

当 $a_{12} \neq 0$，$a_{21} \neq 0$，$b_{12} \neq 0$，$b_{21} \neq 0$ 时，开发区与城市之间的关系既不存在绝对的竞争也不存在绝对的合作，双方处于竞争与合作状态，产生的正负两种效应均不为零，这样模型仍保持设立状态：

$$\begin{cases} \dfrac{dN_1}{dt} = r_1 N_1 \left(\dfrac{K_1 - N_1 - a_{12}N_2 + b_{12}N_2}{K_1} \right) \\ \dfrac{dN_2}{dt} = r_2 N_2 \left(\dfrac{K_2 - N_2 - a_{21}N_1 + b_{21}N_1}{K_2} \right) \end{cases} \quad (3-7)$$

令 $\dfrac{dN_1}{dt} = 0$ 和 $\dfrac{dN_2}{dt} = 0$ 可得到定态解 $E_1(0,0)$，$E_2(0,K_2)$，$E_3(K_1,0)$，$E_4 \left(\dfrac{K_1 - (a_{12} - b_{12})K_2}{1 - (a_{12} - b_{12})(a_{21} - b_{21})}, \dfrac{K_2 - (a_{21} - b_{21})K_1}{1 - (a_{12} - b_{12})(a_{21} - b_{21})} \right) = (N_1^*, N_2^*)$，可以分为以下四种情形。

（1）若 $a_{12} - b_{12} > 0$，$a_{21} - b_{21} > 0$ 且 $(a_{12} - b_{12})(a_{21} - b_{21}) < 1$ 与 $a_{12} - b_{12} < \dfrac{K_1}{K_2} < \dfrac{1}{a_{21} - b_{21}}$ 同时成立，则开发区与城市之间的竞争抑制效应大于合作所带来的互惠效应，二者的相互作用如图 3-3（a）所示，$E_4(N_1^*, N_2^*)$ 为系统的稳定解，此时 $N_1^* < K_2$，$N_2^* < K_2$，这说明双方的过度竞争会明显地削弱合作所带来的集聚效应，导致整体利益受损无法达到理想规模，因而在双方互动发展过程中应避免恶性竞争，通过合作发展提升整体效益。

（2）若 $a_{12} - b_{12} < 0$，$a_{21} - b_{21} < 0$，且 $(a_{12} - b_{12})(a_{21} - b_{21}) < 1$ 成立，表示开发区与城市之间的合作互惠效应要大于竞争抑制效应，二者的相互作用如图 3-3（b）所示，则 $E_4(N_1^*, N_2^*)$ 仍是系统的稳定解，此时 $N_1^* > K_1$，$N_2^* > K_2$，说明通过开发区与城市的竞争与合作，发挥了"1 + 1 > 2"的整体协同效应，一方面通过竞争刺激了区域的竞争力提高；另一方面通过合作优化资源配置，拓宽发展潜力，共同推动了系统的进一步演化发展。

（3）若 $a_{12} - b_{12} < 0$，$a_{21} - b_{21} > 0$，即 $a_{12} < b_{12}$，$a_{21} > b_{21}$，表示城市对于开发区的合作互惠效应大于竞争抑制效应，而开发区对城市的竞争抑制效应大于合作互惠效应。这样系统等倾线和系统轨线的走向如图所示，将产生两种情况：

①系统等倾线上的系统轨线走向形成了一个循环走势，无法判断 E_4 是否为稳定解。依据微分方程稳定性理论，对 $\frac{dN_1}{dt} = 0$ 和 $\frac{dN_2}{dt} = 0$ 在平衡点 E_4 进行泰勒展开，取一次项并构造雅克比矩阵 J，可得到：

$$J = \begin{bmatrix} \delta_1 & \delta_3 \\ \delta_2 & \delta_4 \end{bmatrix} = \begin{bmatrix} \dfrac{r_1 [K - 2N_1 + (b_{12} - a_{12}) N_2]}{K_1} & \dfrac{r_1 N_1 (b_{12} - a_{12})}{K_2} \\ \dfrac{r_2 N_2 (b_{21} - a_{21})}{K_1} & \dfrac{r_2 [K_1 - 2N_1 + (b_{21} - a_{21}) N_1]}{K_2} \end{bmatrix}$$

(3-8)

相应特征方程为 $\lambda^2 + p\lambda + q = 0$，则 $q = det(J) \neq 0$，$p = -\delta_1 - \delta_4$，当 $p > 0$，$q > 0$ 时，将 $E_4(N_1^*, N_2^*)$ 带入，得 $a_{21} - b_{21} < \dfrac{K_2}{K_1}$ 时，特征方程有两个负根，所以 E_4 为稳定点，这时 $N_1^* > K_1$，$N_2^* < K_2$。这表明当开发区对城市所产生的作用（竞争抑制作用和合作互惠作用之和）小于城市与开发区的最大规模之比，开发区与城市达到稳定平衡，此时开发区可以实现发展能力的扩张，但城市未能达到最大发展规模。如图 3-3（c）所示，此时区域 P_1：$\dfrac{dN_1}{dt} > 0$、$\dfrac{dN_2}{dt} > 0$；P_2：$\dfrac{dN_1}{dt} > 0$、$\dfrac{dN_2}{dt} < 0$；P_3：$\dfrac{dN_1}{dt} < 0$、$\dfrac{dN_2}{dt} > 0$；P_4：$\dfrac{dN_1}{dt} < 0$、$\dfrac{dN_2}{dt} < 0$。

②当 $a_{21} - b_{21} > \dfrac{K_2}{K_1}$ 时，$E_3(K_1, 0)$ 为稳定解，如图 3-3（d）所

示，此时区域 $P_1: \frac{dN_1}{dt}>0$、$\frac{dN_2}{dt}>0$；$P_2: \frac{dN_1}{dt}>0$，$\frac{dN_2}{dt}<0$；$P_3: \frac{dN_1}{dt}<0$、$\frac{dN_2}{dt}>0$；$P_4: \frac{dN_1}{dt}<0$、$\frac{dN_2}{dt}<0$。这表明，开发区与城市之间过度竞争，开发区实力增强但缺少对城市的反哺作用，产生极化效应，导致城市竞争能力弱于开发区，逐渐走向衰弱。

(4) 同理，若 $a_{12}-b_{12}>0$，$a_{21}-b_{21}<0$，即 $a_{12}>b_{12}$，$a_{21}<b_{21}$ 时，当 $a_{12}-b_{12}<\frac{K_2}{K_1}$ 时，E_4 为稳定点，这时 $N_1^*<K_1$，$N_2^*>K_2$，这表明当城市对开发区所产生的作用（竞争抑制作用和合作互惠作用之和）小于城市与开发区的最大规模之比，开发区与城市达到稳定平衡，此时城市可以实现发展能力的扩张，但开发区未能达到最大发展规模。当 $a_{12}-b_{12}>\frac{K_2}{K_1}$ 时，$E_2(0, K_2)$ 为稳定点，城市仍然处于扩张发展阶段，对周边区域的经济要素的吸纳能力仍然强劲，开发区无法与城市抗衡，逐渐走向衰弱。

总的来说，在互动成长期，基于竞争合作演化模型所产生的四种情形仍然体现出双方互动发展的不稳定性，甚至有后向退化的可能性。可以肯定的是，过度竞争无益于系统整体的均衡协调和持续发展，而在竞争中合作并不断扩大合作效应有利于产生"1+1>2"的协同效应，双方均在系统中实现发展能力的扩张，推动了竞合系统向更高阶段演进。在情况（1）中，双方虽然在竞争博弈中进行合作，但这是为避免恶性竞争所采取的被动合作，竞争仍然激烈，合作程度不高，导致双方经济发展都达不到理想规模，是较低层次的竞合互动，见于成长期的初级阶段。如情况（3）和情况（4）所示，当双方的经济发展差距较大时，一方对另一方的竞争与合作效应并不对等时，可能会导致其中一方经济衰落，即使可以实现系统均衡也会导致其中一方无法实现最大经济规模，是一种偏

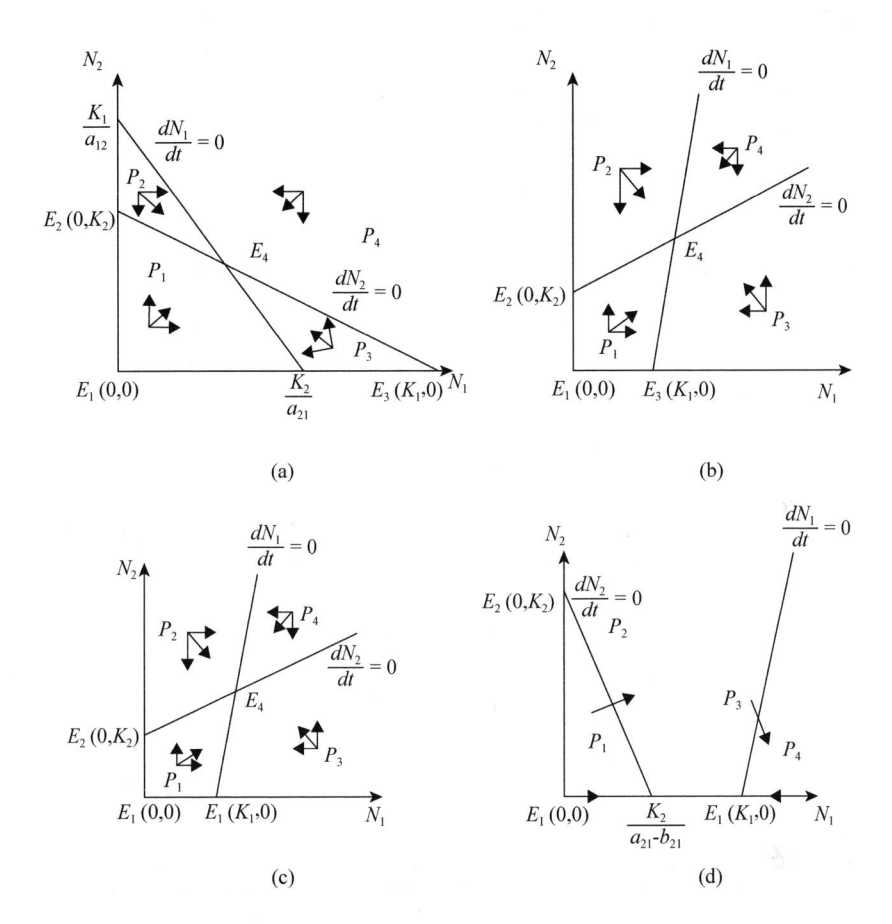

第三章 开发区与城市互动关系演化进程及机理分析 77

图 3-3 互动关系成长阶段的竞争合作演化模型

利共生模式。而只有在情况（2）的模式下，才可以实现互利共生发展，这也是互动关系成长期的高级阶段，系统可以在这种竞合互利的发展模式下向更高阶段演进，推动开发区与城市向融合一体化阶段发展。

3. 互动关系成熟阶段的合作演化模型

当 $a_{12} = a_{21} = 0$（双方不存在竞争），$b_{12} \neq 0$，$b_{21} \neq 0$ 时，开发区

与城市是完全合作的互惠共生关系。这样，模型变化为：

$$\begin{cases} \dfrac{dN_1}{dt} = r_1 N_1 \left(\dfrac{K_1 - N_1 + b_{12}N_2}{K_1} \right) \\ \dfrac{dN_2}{dt} = r_2 N_2 \left(\dfrac{K_2 - N_2 + b_{21}N_1}{K_2} \right) \end{cases} \quad (3-9)$$

令 $\dfrac{dN_1}{dt} = 0$ 和 $\dfrac{dN_2}{dt} = 0$ 可得到定态解 E_1（0，0），E_2（0，K_2），E_3（K_1，0），E_4（$\dfrac{K_1 + b_{12}K_2}{1 - b_{12}b_{21}}$，$\dfrac{K_2 + b_{21}K_1}{1 - b_{12}b_{21}}$）。

系统等斜线：$L_1: \dfrac{K_1 - N_1 - a_{12}N_2}{K_1} = 0$ 与 $L_2: \dfrac{K_2 - N_2 - a_{21}N_1}{K_2} = 0$

将平面（N_1，$N_2 \geq 0$）划分为 4 个区域：$P_1: \dfrac{dN_1}{dt} > 0$、$\dfrac{dN_2}{dt} > 0$；$P_2: \dfrac{dN_1}{dt} > 0$、$\dfrac{dN_2}{dt} < 0$；$P_3: \dfrac{dN_1}{dt} < 0$、$\dfrac{dN_2}{dt} > 0$；$P_4: \dfrac{dN_1}{dt} < 0$、$\dfrac{dN_2}{dt} < 0$。当 $b_{12}b_{21} < 1$ 时，通过对向轨线进一步分析可以得到 E_4（$\dfrac{K_1 + b_{12}K_2}{1 - b_{12}b_{21}}$，$\dfrac{K_2 + b_{21}K_1}{1 - b_{12}b_{21}}$）是系统的稳定解，如图 3-4 所示，意味

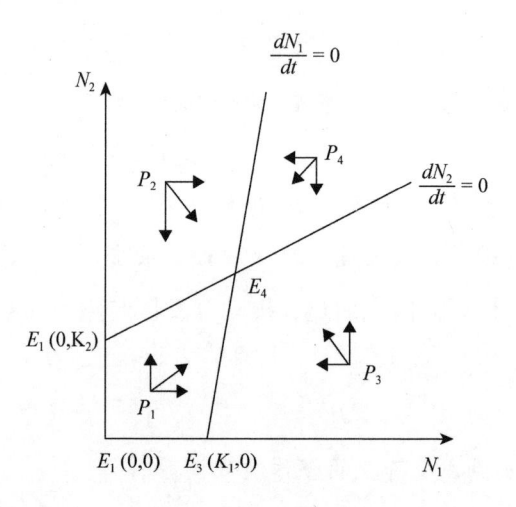

图 3-4 互动关系成熟阶段的合作演化模型

着开发区与城市在资源、人才、技术、资金、市场、信息、公共基础设施等方面存在合作与共享，这些合作与共享实现了双方功能外溢，扩大了各自的经济规模，提高了发展能力和区域整体竞争力，产生了巨大的协同效应。开发区与城市双方的合作领域、层次、深度、广度不断增强，使得区域经济产生了高强度的关联性，区域要素、信息流动高度自由化，推动城市共同体经济结构优化、功能完善的自组织能力不断增强，实现融合共生一体化发展。这一阶段是开发区与城市互动发展的高级阶段，进一步推动了实现整个区域的协调发展。

第四章　开发区与城市互动发展的动力及运行机制分析

第三章对开发区与城市之间的互动关系缘起、建立以及发展演进过程进行了系统分析，并引进种群生态学的数理模型从种群生态系统角度解释二者的形成演化机理，但影响二者关系的形成及演化是内外部因素相互作用并通过特定规律运转实现的，即推动二者互动发展的动力及其运行机制有待于进一步挖掘。本章将从系统动力角度，分析推动开发区与城市互动发展的动力因子，运用系统动力学模型构建相应的动力系统，并通过系统仿真模拟开发区与城市互动的运行机制。

第一节　开发区与城市互动发展的系统动力学理论

一　系统动力学基本原理和方法

系统动力学（System Dynamics, SD）的建立始于 1956 年，由麻省理工学院 Jay W. Forrester 教授首创，初期用来研究工业企业管理问题，故早期也被称作"工业动力学"，随着其应用范围逐渐扩大，系统动力学成为一门用来分析研究信息反馈系统的学科，是认识和解决系统问题的交叉性、综合性学科。系统动力学用来处理复杂系统问题的方法是定性和定量相结合，综合系统推理，利用理论

第四章 开发区与城市互动发展的动力及运行机制分析

和方法建立模型，再利用计算机进行模拟。系统动力学认为，系统的行为模式和特性主要取决于内部动态结构和反馈机制。受非线性因素作用，高阶次、复杂时变系统往往表现出反直观、形态各异的动力学特征，适合分析研究社会、经济、生态和生物等一类复杂大系统。

系统动力学认为，系统的基本结构单元是反馈回路，即耦合系统的状态、速率与信息构成的回路。通过整理分析，社会经济系统的结构可以抽象成"回路""积累""信息""延迟"和"决策"，这些运动规律与流体在回路中运动所呈现的规律类似。流体在"回路"中运动必然要产生"积累"现象，物质堆积所产生的压力通过"信息"传递作用于决策者，驱使决策者在收到信息后依据控制策略，做出必要的决策去改变流速，从而改变积累物质。这种传递过程产生的时间延迟，使得系统状态产生波动，进而影响了系统控制的准确性和难度。这就是系统动力学的基本原理。系统动力学思想将系统状态和决策联系到一起，并利用计算机将其模型化。

系统动力学将系统划分为多个相连的子系统，从微观结构出发建立系统结构模型，用回路描述系统结构框架，用因果关系图和流图描述系统要素间的逻辑关系，用方程描述系统要素间的数量关系，再用专门的仿真软件进行模拟分析。

第一，因果关系图是用来描述系统要素间逻辑关系的工具。若事件 A 引起事件 B，AB 之间形成因果关系，若 A 增加引起 B 增加，则 AB 构成正因果关系；若 A 增加引起 B 减少，则 AB 构成负因果关系。使用因果关系链来表示变量之间相互影响作用的性质，用正负性来表示因对果的两种影响，两个或两个以上的因果链构成的闭合回路称为因果关系回路。因果关系回路包括正因果回路和负因果回路两种，当回路中某个要素发生变化，通过回路的作用使这种变化加强，称之为正因果回路；反之，当回路中某因素变化，通过回路的作用使得这种变化减弱,称之为负因果回路。

第二,流图是用来描述系统要素性质和整体框架的工具。因果关系图虽然能够描述系统反馈结构的基本方面,但不能反映变量的性质,不同性质的变量对于系统行为的影响完全不同。如在经济、社会和生态系统中,存量和流量是两种最基本的变量。存量是积累,表征系统状态,而流量则反映了存量的时间变化。流图就是在因果关系图的基础上进一步区分变量性质,用更加直观的符号刻画系统要素间的逻辑关系,使表达更加清晰准确。

第三,方程是将系统要素间的局部关系量化的工具。在系统动力学建模中存在三种方程:水平方程、速率方程、辅助方程,分别描述了状态变量、速率变量和辅助变量。

第四,仿真平台是将系统动力学模型输入到计算机中进行仿真和调试的环境。利用仿真平台可依据研究目的,设计出合适的方案,进行仿真。Vensim仿真平台就是应用比较广泛的软件之一,本章也将采用这一软件进行辅助分析。

这样,系统动力学的方法就包括以下几步:首先,确定目标,将目标系统分成相互关联的若干子系统;其次,明确各子系统所涉及到的各个变量,利用因果关系图和流图分析子系统内的因果联系;最后,利用方程建立数学模型,绘制系统反馈流程图;第四,对模型进行评估和参数调试;第五,对模型进行检验修正。

二 系统动力学对本节的适用性分析

开发区与城市的互动发展是一项复杂的系统性工程,涉及资源、经济、社会、人口等方面,二者的互动实际上是工业化和城市化问题、区域经济合作与协调发展问题的结合,在互动发展过程中更加注重发展的协调性与互利性。而目前对于二者关系尤其是发展动力的研究多局限于定性研究,系统动力学的使用可以有效地解决定性和定量相结合的问题，可以更加直观准确地反映互动关系的运行动力和状况。

按照系统论和系统动力学观点，开发区与城市构成的互动系统内的各子系统内部、子系统之间以及系统和外界都在无时无刻进行着物质、能量和信息的交换，系统功能除受到外界环境的影响，也受到职能部门行为和决策的影响，即受到自组织和他组织双重机制影响，具备典型的信息反馈结构。遵循系统动力学原理，开发区与城市之间的互动主要依靠系统内部"流"与外部不断交换与循环，形成连接关键变量作用点与其他变量的反馈回路，进而形成既相联系又相制约的系统结构。与传统分析方法割裂片面地进行研究不同，系统动力学更注重考察系统内各要素之间以及部分和整体之间的相互作用。综上，利用系统动力学模型进行分析开发区与城市互动关系的动力和运行机制具有如下优势。

第一，系统动力学擅长处理周期性问题，可以对系统的周期性的形成变化机制做出良好的解释，通过前文的分析，无论是开发区、城市，还是二者的关系变化，都遵循一定的生命周期规律，因而该方法对其有良好的适用性。

第二，系统动力学擅长处理长期性问题，它是一种基于因果关系机理的模型，强调系统行为由系统结构和内部机制共同决定，可以对较长时间，拥有较大惯性的经济社会系统进行分析，开发区与城市系统就是这样一个具有长期性和较大惯性的系统，可以利用该方法进行较大时间跨度的仿真模拟。

第三，系统动力学擅长处理高阶、非线性、时变问题，社会经济系统作为复杂系统，其描述方程往往是高阶、非线性、时变的，常规数学手段很难对其求解并获得完整信息，系统动力学的计算机仿真技术可以较好地完成信息处理任务，适合开发区与城市互动系统的数理模型分析。

第四，系统动力学擅长对系统的运行趋势进行分析，对于某些政策实验，系统动力学可以采用情景分析方式对含有受控要素的经济社会系统进行预测。开发区与城市互动系统，显而易见在发展过程中会受到种种条件限制，具备受控要素，可以对其发展趋势进行有效预测。

第二节 开发区与城市互动发展的动力因子

开发区与城市的互动发展是多方面力量通过各种形式表现和综合作用的结果。随着时间的变化和空间的演进，影响二者关系发展的因素及其起到的作用也在不断地发生着变化，本节总结归纳了从开发区设立至今，影响开发区与城市关系演进的主要动力因子，为下文的动力系统构建和机制运行奠定基础。

一 政府作用力

新中国成立以来，不论是城市建设发展还是开发区的建设都带有着政府行为和政策作用力的影子，尤其在开发区建设上，这种作用力体现得尤为明显，因而在讨论二者关系的演进也不可避免要对其作用进行探讨。政府作用力主要体现在以下几个方面。

第一，直接投资。政府对于城市和开发区的投资建设主要集中于基础设施等公共服务建设，在开发区建设的初创期，包括其与城市的分离竞争阶段，国家和地方政府以直接投资方式对开发区的扶持更多，主要通过土地一级开发①的从"三通一平"到"九通一

---

① 一级开发是指由政府或受政府委托的企业，对一定地域范围内的城市内国有土地或乡村的集体地进行统一征地、拆迁、安置、补偿，并进行市政配套基础设施建设，使该地区土地达到"三通一平""五通一平""七通一平""九通一平"等建设条件，其中，"九通一平"指道路、自来水、排雨、排污、供电、供气、通信、供热、有线电视、场地平整。

平"的基础设施建设将"生地"转化成为"熟地",以营造良好的招商引资条件,吸引企业入驻。随着开发区的不断发展,在其与城市竞合互动阶段,为推动开发区与城市的互动融合,政府加大了对二者联通性基础设施的投入力度,解决开发区与城市之间职住分离、产业联动等问题,增加可达性,同时加大了对开发区其他职能建设的投入力度。在开发区发展成熟,趋向于与城市互动融合的阶段,政府投资引导针对开发区的城市化基础设施建设,包括教育医疗等设施的完善和均等化,进而实现基础设施建设一体化,推动其与城市的融合共生。

第二,政策优惠。这是政府对城市和开发区建设最重要的调节功能。政策优惠包括对采用土地、财政和税收政策对入驻企业以及战略性产业、优势产业、主导产业的优惠或减免政策,在事务管理权、人才引进、项目审批等方面给予或放宽权限等。在国家层面,对于重点区域的特殊开发区建设给予多重区域开发开放优惠政策。对开发区和城市互动发展,可通过政策引导企业发展,推动形成产业集群,推动开发区和城区的产业结构优化升级,形成产业内联动,产业间互动,进而推动二者融合共生。

第三,体制机制建设。一方面,通过政府完善相关的法律法规,构建起有别于传统计划经济体制的市场经济体制和与市场经济体制配套的行政管理体制,推动开发区与城市间要素的自由流动,形成良性供需结构,打破行政壁垒和市场分割,实现真正的一体化发展;另一方面,通过政府深化改革,转变政府职能,逐渐突出市场的导向作用,综合利用税收、土地、海关、金融等工具调节推动开发区与城市的有序运行,确立起符合经济发展规律、高效灵活的管理体制和运行机制。

第四,行政干预。通过行政干预手段,推动市区内部分与城市发展功能和目标相悖或利于开发区发展的企业向开发区迁移,从而促进了开发区产业集群的形成,同时优化城区的产业结构。

二 企业作用力

企业是开发区与城市构成的互动系统中的基本要素,所产生的作用力也是系统发展过程中最基本的动力因子,是推动二者互动发展的重要黏合剂。企业作用力可以带动区域产业的兴起,扩大供给,使开发区和城市获得良好的经济效益和财政收入,推动区域经济增长。对于开发区和城市的发展及其互动,不同的企业行为所起到的作用也有所不同。

第一,跨国公司。跨国公司的全球化扩张,在全球范围内组织生产的行为,极大地推动了开发区的设立和形成,是其以自身的技术优势和资本优势与中国的特殊经济活动空间相结合的产物,这种多个区位布局的行为推动了开发区内产业集群的形成。在比较优势以及跨国公司空间扩张需求的驱动下,开发区的优惠政策以及国企入驻的背景下,跨国公司以独资或者合资的方式迅速在开发区内搭建起生产网络,形成产业群落,并且随着周边城市经济的发展,跨国公司在国内的不断运营发展,继续保持着多区位空间扩张的势头,推动与周边城市或开发区形成相互关联的生产网络,推动了开发区与城市的互动。

第二,本地企业。在开发区设立之初,受国家计划干预,以及自身发展壮大后,受到中心城区土地、资源、劳动力等成本的攀升和生态环境的约束限制和城市产业结构调整需求,部分本地企业从中心城区向开发区转移,新增企业也基本设置在开发区,在中心城区保留办公、商务、服务等非生产性职能。随着开发区内企业的发展,产业水平的升级,产业关联度提升,开发区内企业加强了与城区企业的上下游联系,形成紧密的生产网络和价值链。尤其在后工业化背景下,科技创新成为城市发展的新兴动力,城市内的创新研发机构、高新技术产业等吸引开发区与城市在更深层次，更宽领域的互动。

三　市场作用力

市场作用力是开发区与城市互动发展的根本动力，依靠政策和要素推动的开发区与城市发展，虽可为其短期发展提供巨大的推动力，但不利于区域经济的健康可持续发展，只有建立起完善的市场经济体制，运用市场机制对经济资源的自发调节，才能实现资源的优化配置。通过市场机制"看不见的手"的作用，引导资源和要素自由流动，实现开发区与城市之间产品和要素市场共享，加速了二者互动融合的步伐，是推动开发区、城市构成系统形成发展的最根本动力。改革开放四十多年来，市场化改革贯穿于开发区建设与城市发展的始终，体制机制改革所释放的市场活力，促进了开发区与城市中企业的发展、产业的集聚。面向未来，推动开发区与城市互动融合发展是市场作用力的目标所在。

四　创新作用力

创新驱动是开发区与城市发展的不竭动力。在后金融危机时代和新常态的背景下，开发区与城市经济发展的要素驱动和政策驱动作用式微，发展动力亟须从外生动力向内生动力转变，在开发区与城市互动关系的发展上，也更多地依赖内生的自组织演化。而推动开发区与城市发展的则来自于多方的创新行为，主要包括以下几个方面。

第一，技术创新。从企业角度讲，原有的通过标准化生产以获得成本优势和规模效应的竞争优势逐渐减弱，企业的竞争力更多地依靠科技创新。企业创新能力的提高，不仅有利于改善生产工艺，提高劳动生产率，而且有利于新产品、新服务的不断推陈出新。通过技术创新，可以使企业获得更大的市场竞争力，保持企业活力，也可通过企业创新，实现知识溢出，提高整个区域内的技术水平，实现产业水平的提升，进而推动产业结构的转型升级，带动开发区和城市发展，以技术辐射实现二者互动。

第二，管理创新。管理创新既是企业制度、管理方法的创新，也是对政府管理能力的新要求。从企业来讲，管理创新可以转变公司治理模式，调动员工生产积极性，提高生产效率，营造良好的氛围；从政府来讲，管理创新有效提高资源、资本、技术、劳动等要素的配置效率，优化资源配置。

第三，制度创新。制度创新可以对原有生产关系做出更有利于生产力发展的调整，是经济社会发展的重要推动力。制度创新有利于形成良好的市场运行机制，建立完善的区域管理运行机制，推动区域创新和协同发展，对于开发区与城市间的互动融合同样具有重要的推动作用。

第三节 开发区与城市互动发展动力系统构建

系统构建是功能与结构的统一，本节依据系统动力方法，结合前文开发区与城市互动关系及其动力因子分析，构建起开发区—城市系统的仿真互动模型，其中包含开发区和城市两个子系统。通过回路搭建起分析的结构框架，利用因果关系图来描述系统要素间的逻辑关系，利用流图来描述系统内要素之间的数量关系。模型的构建是对前文理论分析的一个深化，通过复杂系统仿真平台 Vensim-PLE 进行因果关系图、流图和仿真模型构建。通过建模主要解决以下问题：第一，了解开发区与城市系统中要素的内在关系以及在动力因子的推动下各要素间的运行机制；第二，利用要素间的数量关系，模拟系统运行，对典型开发区与城市互动的现状和发展趋势进行预测。受数据量化条件限制，本节中的模型更多地从企业、产业等经济发展的角度对开发区与城市的互动进行分析，暂不考虑二者的空间互动和功能互动等问题。

在开发区—城市模型中，存在开发区和城市两个子系统，二者相互联系、相互影响，构成密不可分的整体。每一个子系统的模型运行既取决于其内部结构也受到其他子系统、系统整体运行以及外部环境的影响，即其他子模型的输出成为本模型的外部变量，本模型的自身变量也不断输出给其他子模型。结合我国开发区与城市互动发展的实际情况，本节从政府、企业、产业三个层面，从政府驱动、产业驱动以及创新驱动三个角度构建多重反馈回路，不同反馈回路在不同的时间和情况下各起主导作用，推动开发区与城市经济的发展。

一 开发区与城市互动发展的因果关系分析

1. 开发区子系统

（1）开发区子系统分析

开发区子系统以政府、企业和产业为主体，开发区发展主要包括经济发展水平、产业结构、市场机制、区域创新创业等内容。影响开发区子系统发展的因素主要包括经济发展水平、政策环境、资本供给、技术支持、市场机制等，发展的同时也会受到另一子系统城市的影响，二者相互促进，共生发展。

（2）开发区子系统主要因果关系回路

①政府行为促进开发区发展回路

回路一：政府行为↑→直接投资↑→基础设施建设↑→公共服务水平↑→企业行为↑→开发区发展↑→宏观经济效益↑→GDP↑→城市发展↑→政府行为正反馈。

回路一描述了政府通过直接投资促进开发区发展进而推动城市

发展的价值增值过程。政府通过投资开发区基础设施建设逐渐提升公共服务水平，打造良好的投资环境，吸引企业到开发区设厂。随着入驻企业的不断增多，开发区经济不断发展，宏观经济效益提升，GDP 增长，进而推动城市发展。

回路二：政府行为↑→优惠政策↑→招商引资↑→资本供给↑→企业行为↑→开发区发展↑→宏观经济效益↑→GDP↑→城市发展↑→政府行为正反馈。

回路二描述了政府通过出台相应的优惠政策，包括财政政策、税收政策等，吸引国外资本、港澳台资本、国内资本投资，推动开发区资本供给增加，开发区内入驻企业数量增多，企业规模扩大，进而推动开发区发展，宏观经济效益提升，增加 GDP，推动城市发展。

回路三：政府行为↑→行政计划↑→国企转移↑→企业行为↑→开发区发展↑→宏观经济效益↑→GDP↑→城市发展↑→政府行为正反馈。

回路三描述了政府通过行政计划将中心城市内的过剩产能以及不符合中心城市发展方向的国有企业向开发区转移，这样很多国有企业入驻开发区，为开发区发展注入新的的动力，推动开发区的形成和发展，实现宏观经济效益的提升，GDP 增长，进而推动城市发展。

回路四：政府行为↑→法律法规↑→市场机制↑→企业行为↑→开发区发展↑→宏观经济效益↑→GDP↑→城市发展↑→政府行为正反馈。

回路四描述了政府通过制定、完善、落实相关的法律法规，建立健全完善的市场机制，促进资源要素的自由流动，为企业的投融资带来便利，帮助企业投资，扩大生产，进而推动整个开发区的发展，推动宏观经济和城市发展。

②产业提升促进开发区发展回路

回路一：GDP↑→财政支出↑→科技研发↑→技术进步↑→产业水平↑→开发区发展↑→宏观经济效益↑→城市发展↑→GDP 正反馈。

回路一描述了经济发展，GDP 增加，使得财政对科学技术研发的支持力度增大，科学技术水平的提升，可以为产业的优化升级，形成更加合理健康的产业结构提供良好的技术支持，不仅推动开发区与城市产业水平的大幅提升，也优化了开发区与城市之间的产业结构，加大了二者的产业关联，推动二者共同发展。

回路二：技术进步↑→社会生产率↑→产业水平↑→开发区发展↑→宏观经济效益↑→财政收入↑→财政支出↑→城市发展↑→技术进步正反馈。

回路二描述了技术进步推动了生产力的发展，提高了社会生产率，推动了整个行业的技术扩散，促进产业水平的提升，进而推动宏观经济发展，推动了财政收入的增加，为扩大财政对开发区和城市建设提供了良好的服务支撑。

③创新驱动开发区发展回路

回路一：企业行为↑→科技研发↑→技术创新↑→产业水平↑→开发区发展↑→宏观经济效益↑→GDP↑→城市发展↑→企业行为正反馈。

回路一描述了以企业为主体的创新行为，企业为提高劳动生产率，研发新产品，提高市场占有率和竞争力，获得竞争优势，积极开展科技研发，推动技术创新，产品创新，随着知识溢出和技术扩散，实现整个集群或产业水平的提升，实现产业结构的优化升级，推动开发区发展，进而带动整个区域经济和城市的发展。

回路二：企业行为↑→管理创新↑→企业发展↑→产业水

平↑→开发区发展↑→宏观经济效益↑→GDP↑→城市发展↑→企业行为正反馈。

回路二描述了以企业为主体的内部管理创新，企业通过创新管理方式，转变公司治理模型，调动员工积极性，提高产出，促进产业水平的提升，进而推动开发区和城市的发展。

回路三：政府行为↑→制度创新↑→市场机制↑→企业行为↑→开发区发展↑→宏观经济效益↑→GDP↑→城市发展↑→政府行为正反馈。

回路三描述了以政府为主体的体制机制改革，进一步改革开发区管理体制，完善市场机制建设，激发市场活力，提高了企业间的组织效率，发挥市场机制"看不见的手"的作用，提升资源配置效率，促进开发区和城市发展。

（3）构建开发区子系统因果关系图

依据开发区子系统发展因果关系回路分析，确立子系统的模型结构，构建初始的因果关系反馈图，如图4-1所示，比较直观地反映了开发区子系统各要素间的关系及其与其他系统间的互动。

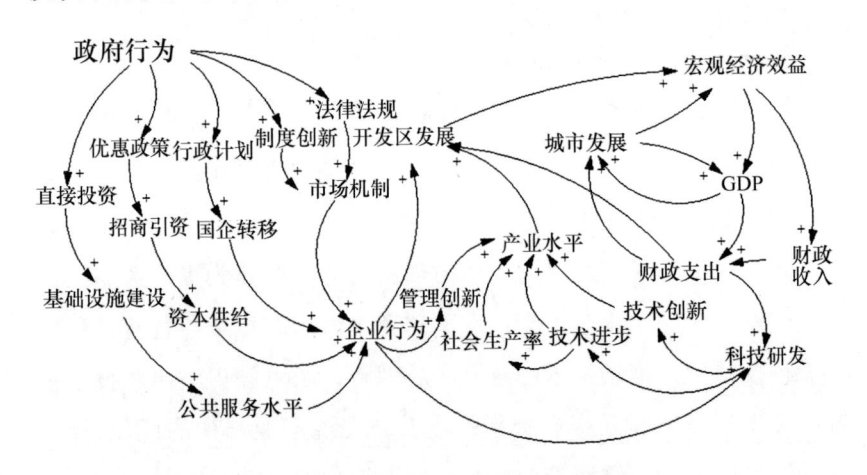

图4-1 开发区子系统发展因果关系

第四章 开发区与城市互动发展的动力及运行机制分析

2. 城市子系统

（1）城市子系统

与开发区子系统类似，城市子系统以政府、企业和产业为主体，城市发展主要包括经济发展水平、产业结构、市场机制、区域创新创业等内容。影响城市子系统发展的因素主要包括经济发展水平、政策环境、资本供给、技术支持、市场机制等，发展的同时会受到另一子系统开发区的影响，二者相互促进，共生发展。

（2）城市子系统主要因果关系回路

①资本扩张推动城市发展回路

回路一：城市发展↑→政府行为↑→优惠政策↑→招商引资↑→企业行为↑→产业水平↑→居民收入↑→消费需求↑→产业扩张↑→开发区发展↑→宏观经济效益↑→GDP↑→城市发展正反馈。

回路一描述了在政府优惠政策推动下城市产业向开发区扩张的路径，在城市发展过程中，通过政府出台相应的优惠政策招商引资，吸引企业投资建设，提升产业发展水平，带动经济发展，提升居民收入，收入的增多也促进了消费需求的增多，要求企业扩大产能，推动产业扩张，在中心城区膨胀，成本上升的压力下，资本向开发区流动，推动开发区发展，经济效益提高，带动整个区域和城市经济的发展。

回路二：城市发展↑→政府行为↑→法律法规↑→市场机制↑→企业行为↑→产业水平↑→居民收入↑→消费需求↑→产业扩张↑→开发区发展↑→宏观经济效益↑→GDP↑→城市发展正反馈。

回路二描述了在完善体制机制建设下城市产业向开发区扩张的路径，城市的发展要求政府通过不断地体制机制改革，建立完善保障体系，形成健全的法律环境和完善的市场机制，为企业的投融资行为提供保障，推动企业投资和向外扩张，进而促进开发区发展，经济效益提高，辐射带动城市发展。

②科技创新推动城市发展回路

回路一：企业行为↑→科技研发↑→技术进步↑→产业水平↑→居民收入↑→消费需求↑→产业扩张↑→开发区发展↑→宏观经济效益↑→GDP↑→城市发展↑→企业行为正反馈。

回路一描述了以企业为主体的科技研发推动城市发展及其与开发区的互动，在企业的科技研发行为下，生产的技术水平和产品的科技含量不断提高，推动了产业的优化升级，产业结构调整，在产业扩张的前提下，通过与开发区的互动联系，优化区域产业结构，推动开发区和城市发展。

回路二：城市发展↑→财政收入↑→财政支出↑→科技研发↑→技术进步↑→产业水平↑→GDP↑→居民收入↑→消费需求↑→产业扩张↑→开发区发展↑→宏观经济效益↑→GDP↑→城市发展正反馈。

回路二描述了在城市经济发展的基础上，财政收入和支出也随之增加，政府加大对科研创新单位和企业的支持和投入力度，产学研相结合推动技术进步，进而带动城市产业水平的提升，实现产业扩张，吸引开发区与城市之间的技术交流和扩散，带动区域产业发展，推动开发区与城市发展。

（3）构建城市子系统因果关系图

依据城市子系统发展因果关系回路分析，确立子系统的模型结构，构建初始的因果关系反馈图，如图4-2所示，比较直观地反映了城市子系统各要素间的关系及其与其他系统间的互动。

二 开发区与城市互动发展的动力学流图

根据开发区与城市的因果关系图，将存量和流量等变量纳入系统因果分析的框架中，将开发区与城市两个子系统联系起来，构建起开发区—城市系统流图。开发区—城市系统流图以开发区和城市

第四章 开发区与城市互动发展的动力及运行机制分析 95

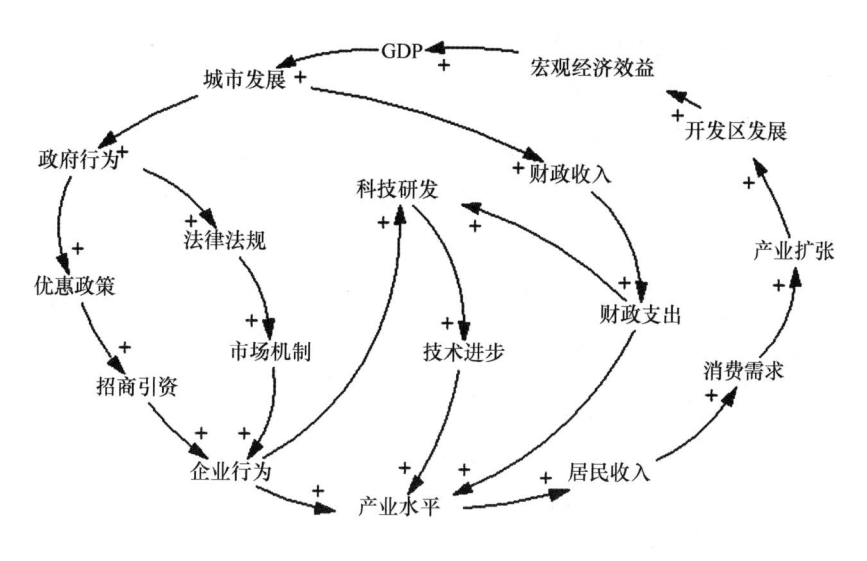

图 4-2 城市子系统发展因果关系

经济增长为核心，政府、企业、市场等行为均围绕推动区域经济增长运作。该系统流图主要反映内外部两条主线，其中，内部主线主要指开发区与城市相互影响、互动发展，主要体现在经济总量、产业结构等指标上，内部与外部链接的主线是固定资产投资、财政收入、财政支出、科技研发投入、从业人员数量等外部因素对开发区和城市系统发展的影响。

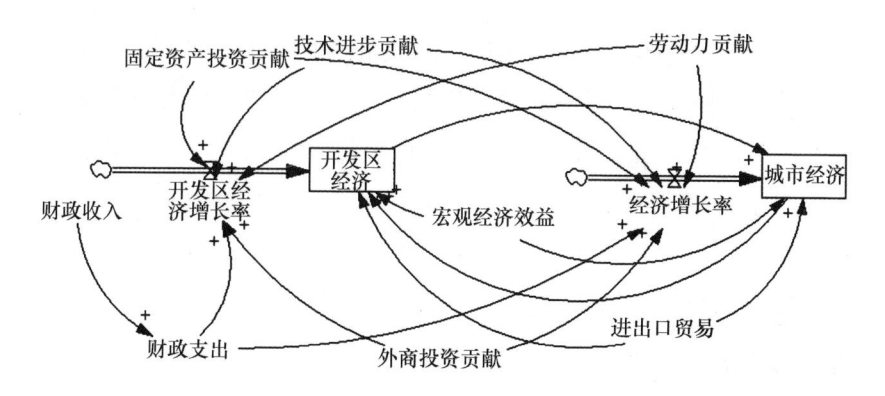

图 4-3 开发区—城市系统流图

依据系统流图构建系统动力学方程：

（1）开发区经济＝INTEG（GDP初始值）

（2）城市经济＝INTEG（GDP初始值）

（3）开发区经济增长率＝技术进步贡献率＋劳动力增长率×弹性系数＋资本增长率×弹性系数

（4）城市经济增长率＝技术进步贡献率＋劳动力增长率×弹性系数＋资本增长率×弹性系数

（5）固定资产投资＝企业收入×企业投资比重

（6）企业投资比重＝C（常量）

（7）财政支出＝财政支出×政府投资比重

（8）政府投资比重＝C（常量）

（9）技术进步贡献＝科技研发投入/工业总产值

（10）劳动力贡献＝从业人员数量/工业总产值

（11）外商投资贡献＝实际利用外资/工业总产值

（12）进出口贸易＝进口总额＋出口总额

（13）宏观经济效益＝工业企业经济效益综合指数

第四节　开发区与城市互动发展动力系统仿真模拟

在完成开发区—城市系统仿真的初始模型构建之后，本节将选取开发区与城市互动的典型案例广州开发区与广州市的部分数据对开发区与城市的互动发展进行仿真模拟，分析在政府、企业、市场、创新等多重影响下，开发区—城市系统的运行模式和未来发展趋势。模型设置2005年为初始时间，2025年为结束时间，主要模拟在现行制度和政策不变的情况下，开发区与城市经济2016—2025年的动态变化。

一 模型检验

模型检验的主要目的是验证数据的可信度。模型检验要遵循以下两个原则：一是模型并不是对现实情况的准确呈现，只能要求模型能够反映需要了解的问题和假设，验证假设的正确性，得到的只能是满意解或反映趋势变化的正确性；二是有效性是相对的，即模型应该用实践进行检验。对于系统动力仿真系统的模型检验分成以下几类：直观检验、运行检验、历史检验和灵敏度检验。本节采用历史检验的方法，以2005年为起点，2014年为终点，检验时间为10年，检验变量为开发区与城市的国内生产总值（GDP）。检验结果如表4-1和表4-2所示。

表4-1　　　　　　　　开发区国内生产总值历史检验结果

年份	DE 历史值（亿元）	DE 仿真值（亿元）	相对误差（%）
2005	652.94	661.32	1.28
2006	789.44	796.35	0.87
2007	947.66	952.41	0.50
2008	1140.29	1145.67	0.47
2009	1321.8	1380.48	4.44
2010	1617.83	1630.59	0.79
2011	1872.39	1811.24	3.27
2012	2008.19	1987.65	1.02
2013	2110.01	2150.21	1.91
2014	2212.37	2208.46	0.18
		平均误差	2.68

表 4-2　　　　　城市国内生产总值历史检验结果

年份	CI 历史值（亿元）	CI 仿真值（亿元）	相对误差（%）
2005	5154.2	5235.1	1.57
2006	6073.8	6248.3	2.87
2007	7109.1	7289.2	2.53
2008	8215.8	8346.7	1.59
2009	9138.2	9204.9	0.73
2010	10748.3	10432.8	2.94
2011	12423.4	11824.3	4.82
2012	13551.2	13253.1	2.20
2013	15420.1	15032.4	2.51
2014	16706.8	17208.5	3.00
		平均误差	2.48

由表 4-1 和表 4-2 所示可以看出，仿真值和历史值相对误差平均为 2.68% 和 2.48%，不到 3%，相差较小。因此，通过历史检验，可有效地代表开发区与城市经济发展现状，并以此预测广州开发区和城市的经济发展趋势。

二　广州开发区—城市系统仿真分析

在对广州开发区—城市系统运行进行仿真模拟时，选择的参数基本与当前的政策措施保持一致，得到开发区子系统和城市子系统经济发展的输出结果。

1. 广州开发区—城市系统流图相关参数输入

广州开发区—城市系统的相关参数主要包括流量型数据和存量型数据。流量型数据表明了系统变量在一段时间内的变化率，而存量型数据表明变量在初始时间点的存量，其中相关的流量型数据依据广州开发区和城市 2005—2014 年的统计年鉴或统计公报数据计算的年平均变化速率，存量数据依据初始时间 2005 年的统计资料

第四章　开发区与城市互动发展的动力及运行机制分析　99

得到。

2. 开发区—城市系统仿真模拟参数输出

表 4-3　　　开发区与城市经济总量模拟参数输出　　　单位：亿元

年份	DE	CI
2016	2320.5	17832.3
2017	2431.2	18981.4
2018	2580.4	20132.5
2019	2710.3	21546.2
2020	2832.7	22319.7
2021	2967.9	23736.5
2022	3145.6	24821.8
2023	3290.7	26342.0
2024	3448.6	27856.2
2025	3620.4	29542.1

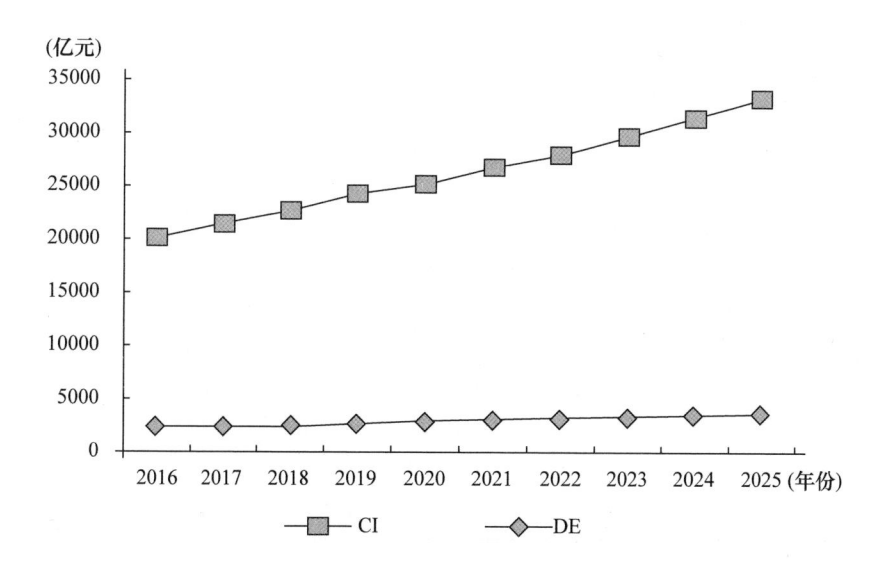

图 4-4　开发区与城市经济仿真变化趋势

如表 4-3 和图 4-4 所示，开发区和城市经济在目前的政策下将保持持续增长的势头，且同向增长的势头明显，这是开发区与城市子系统正反馈作用的表现。但二者的总量差距呈现出扩大趋势，说明城市对开发区的推动作用逐渐减弱，应及时调整相关的政策措施，以更好的发展思路，促进开发区和城市互动协同发展，促进开发区与城市一体化。

由于统计口径及各种宏观或微观数据的收集处理难度较大，往往很难计算出相关参数，致使研究不够全面，有待于在日后的研究中加以完善。

第五章 开发区与城市互动发展的实践案例分析

开发区与城市互动发展的具体形式具有普遍性、复杂性和多样性的特点。改革开放四十多年来，开发区模式作为兼具改革和开放性质的试验田得到普遍推广，从国家级开发区、省级开发区到各地方级工业园区、工业集中区，全国大部分地区的县市均设有开发区。开发区最开始作为一种产业集群或者特殊功能区，可以满足国际国内两个市场两种需求，围绕特定产业或功能构建产业链条或价值链条，形成有分工有合作的企业群落，构成产业集聚，产生集聚效应或规模效应，推动新的产业区形成。新产业区的形成吸引资本、劳动力、技术等集聚，推动了人口集中、产业发展、技术水平提升，并伴随着开发区的发展，实现公共服务水平和基础设施建设完善，畅通了开发区与城市及周边的交通及信息交流，通过产业结构优化升级和技术创新，优化与城市的资源配置，在推动城市发展的进程中具有不可忽视的作用。从城市角度来说，城市具备的功能性服务和经济体量，为开发区提供了公共基础设施、人力资源、技术支持以及生产性和生活性配套服务，同时为开发区提供了更为广阔的市场和消费能力。前文分析表明，开发区与城市存在着相互联系的互动关系，两者的互动发展既具有规律性也存在着特殊性和多样性的特点。本章分别选取三类有代表性的开发区：经济技术开发区、高新技术产业开发区和边境经济合作区，以发展良好的典型开发区为例，进行案例分析，探索分析开发区与城市良性互动的有效途径，并在以上分析的基础上，以吉林省为例探讨产业集群—开发区群—城市群联动的自由贸易试验区设立思路。

第一节 工业化、城镇化带动的开发区与城市互动发展案例

经济技术开发区是我国最早开始设立的开发区类型，自1984年设立以来，经过三十多年的发展，已逐渐趋于成熟，部分早期设立的开发区已从功能单一的产业园区向综合性园区转变，城市功能逐渐增多增强。经济技术开发区作为城市发展新的增长点，吸引大量的资金、人员、商品在此聚集，产业基础雄厚，基础设施建设逐渐完备，公共服务水平逐渐提高，开发区的工业化和城镇化步伐逐渐加大。目前，在我国东南沿海发达地区以及中西部发展比较好的地区的部分开发区已不仅仅是具有工业化意义的经济功能区，正向着具有城市综合职能的新城区转变，很多开发区开始打破原有的开发区与城市界线，逐渐与母城融为一体。

开发区的形成发轫于改革开放后的工业化建设，这种快速工业化的路径所具备的地域空间载体在客观上推动了城市的扩张和发展，是城镇化的一种特殊模式。通过开发区与城市的互动乃至融合共生，既推动了城市和开发区基于工业化发展规律性形成的分工与合作，又推动了城市和开发区基于城市化发展规律形成的地域扩张和功能整合。这种工业化和城镇化过程中形成的开发区与城市互动方式，推动了开发区的转型升级及其与城市的融合共生。本节将选取开发区与城市互动发展比较成熟的案例——广州经济技术开发区（以下简称广州开发区），来分析一个独立的经济技术开发区如何

通过产业演进、空间扩张、区域整合和制度演化实现与城市的融合共生。

一　广州开发区发展轨迹

广州开发区位于广东省广州市的东部，珠江三角洲的中心地带，是中国首批由国务院批准成立的国家级经济技术开发区之一，也是最早实现由单一经济功能区向综合型城市新区转型的开发区。广州开发区的发展主要分为以下几个阶段。

1. 以出口加工贸易为主的起步阶段

1984年，经国务院批准在广州市黄埔区以东、珠江和东北江干流交汇处设立广州经济技术开发区，起步规划面积为9.6平方公里。贯彻国家"以利用外资为主，以发展工业为主和以出口创汇为主"的"三为主"方针，开发区早期的功能定位是具有出口加工性质的"产品出口基地和对外开放窗口"，开发区内的"三资"企业[①]主要以"三来一补"[②]贸易为主，外向型经济发展结构推动了开发区的早期发展。截至1990年年底，开发区实现利润2.1亿元，其中"三资"企业利润达到1.8亿元，占85.7%，出口产品产值15.6亿元，"三资"企业出口产品产值达到14.9亿元，占95.5%。这一时期，开发区主要以第二产业作为绝对的主导，发展的层次和水平都相对较低。

2. 向综合性工业园区发展的成长阶段

随着改革开放的不断深入，国家加大了对广州开发区的建设步伐，先后批准成立广州高新技术产业开发区、广州保税区和广州出口加工区，并分别于1998年、2000年和2002年实现与广州经济技

---

① "三资"企业是指以外商独资、中外合作以及中外合作为经营方式的企业。
② "三来一补"是指来料加工、来样加工、来件装配和补偿贸易，是我国改革开放初期创立的企业贸易形式。

术开发区合署办公。截至 2002 年 6 月，经过各类开发区间的整合，广州开发区的用地空间从 9.6 平方公里的西区扩展到包括西区、东区、保税区、永和经济区和科学城在内的共计 61.3 平方公里的土地。这一时期，随着国家经济的发展和改革开发的继续扩大，广州开发区依托沿海开放城市的有利区位，外商投资逐年增加，经济得到快速发展，实际利用外资从 1992 年的 0.38 亿美元增长至 2002 年的 5.6 亿美元，年均增幅达到 30.9%，GDP 从 1992 年的 10.8 亿元增长至 2002 年的 244.7 亿元，年均增幅达到 36.6%，呈现出井喷式发展。这一时期的开发区仍以第二产业发展为主，并开始着手发展第三产业。随着大量跨国公司、大型企业入驻园区，产业类型开始从劳动密集型向资本密集型转变，产品技术含量有所提升，开始形成化学原料及化学制品制造业、电子及通信设备制造业、电气机械及器材制造业、食品饮料制造业、金属冶炼及加工业、汽车制造业六大支柱产业，产业集群开始形成并不断壮大。2002 年，第二产业增加值为 193.6 亿元，占地区生产总值比重为 79.1%，第三产业增加值占比为 20.9%。

3. 向生态新城区发展的转型升级阶段

21 世纪初，受国际国内政治经济环境影响，开发区发展受到一定的影响，亟待实现转型升级，国家的"二次创业"要求，为开发区发展提供了新的道路。广州开发区提出要建设"以现代工业为主体，三次产业协调，经济与社会全面进步的广州新城区"，基于这种思想，广州开发区率先开始与广州市进行行政区划调整。2003 年，广州市决定将开发区周边的萝岗街（原属白云区）、笔岗村（原属黄浦区）、玉树村（原属天河区）、岭头农工商联合公司（原属白云区）、黄陂农工商联合公司（原属广州市农工商集团）委托开发区管理，这样广州开发区实际和委托管辖面积扩大到 215.5 平方公里。2005 年 5 月，广东开发区在原开发区行政区划的基础上，整合周边农村土地，形成了第一个以开发区为雏形建立起来的独立的城市行政区——萝岗区。萝岗新城区的面积也从开发区最初的9.6平方公里扩展到393.6平方公里，包括中心城区、九佛、镇龙、永和、科学城、东区、西区和黄陂八大片区。萝岗区的设立是开发区与城市融合发展的创举，走出了一条以经济功能区带动行政区发展的新路，加快了产城融合步伐，推动了城乡一体化建设。开发区实现从功能区向综合性的生态新城区转化。

继萝岗区成立以来，开发区继续保持着良好的发展势头，与城市的互动融合愈发紧密，开始实现更大范围的融合互动。2014年1月，经国务院批复同意，广州市撤销原黄埔区、萝岗区行政区划，整合成立新的黄埔区。新的黄埔区管辖面积达到486平方公里，下辖14街1镇，常住人口88万人。目前，黄埔区已包含有18个国家级产业基地和园区，产业集群效应显著，形成了电子、汽车、化工三大千亿级产业集群，新材料、食品饮料、金属制造、生物健康四大500亿级产业集群，区域内已有3400多家外商投资企业、135个世界500强投资项目、63家上市企业。创新驱动成为城区发展的主要推动力，已形成包括知识城、临港经济区、科学城和生物岛等功能明确、协调互补、联动发展的创新平台布局，成为推动广州产业转型升级和经济发展的重要力量。

2018年，黄埔区和广州开发区规模以上工业总产值保持领跑全市各区，占全市的41.7%，规模以上工业增长3.6%。2018年，黄埔区跃居全国工业百强区第二名，广州开发区综合考评排名全国第二。2018年，黄埔区和广州开发区共有55个项目动工建设，80个项目完成投产验收，投资总额约440亿元，预计达产产值1740亿元，2018年已实现产值1048亿元，比2017年增加113.9亿元。

二 工业化、城镇化带动的开发区与城市互动特征

1. 外资驱动是开发区与城市互动发展的原始动力

广州开发区位于我国东南沿海开放城市——广州市，临近最早期创办的四个经济特区，大量吸纳了特区创办的成功经验。开发区设立初期，正处于我国实施改革开放的探索阶段，遵循早期开发区设立的"三为主"方针，依托优越的区位优势，便捷的交通运输条件，良好的经济基础以及侨乡基础，具备吸引外资的先天优势。通过大量引入"三来一补"的制造业，国外资本大量聚集，推动开发区迅速崛起为以劳动密集型和资本密集型制造业为主的工业园区。开发区内劳动密集型企业入驻吸引大量劳动力和人口于此聚集，许多外来农村劳动力或城区人口向开发区涌入，增加了对城市功能的需求，一方面，促使开发区完善基础设施建设，增加公共服务供给，推动了开发区的城市化进程；另一方面，通勤人口增加了开发区与城市之间的沟通和互动，推动了城市的郊区化进程。

2. 产业集群是开发区与城市互动发展的根本动力

在开发区的形成和成长阶段，伴随着大量外资企业、跨国公司和大型企业入驻，开发区逐渐形成六大支柱型产业，并围绕支柱产业开始构建松下、宝洁、旺旺、安利等九大产业集群，形成良好的集群基础。进入到转型发展阶段后，产业集群成为开发区产业转型升级的主要发展方向，政府在招商引资过程中更加注重项目的带动作用，推动产业链条化，投资集中化，通过吸引上游龙头企业到开发区投资设厂，带动中下游配套产业入驻。以开发区内的汽车产业集群为例，2003年本田汽车（中国）作为龙头企业被引入开发区，围绕本田汽车出口基地，经过短短几年发展就汇集了近百家汽车及零配件企业，形成集汽车制造与零配件生产、汽车贸易与服务、汽车仓储与物流、汽车展览于一体的汽车产业链条，同其他以"大型

企业"为中心形成的产业链条，构成了开发区内电子、化工、食品与包装、生物制药、金属冶炼、新材料等几大支柱产业集群。产业集群的不断发展壮大，吸引更多企业于此集聚，在垂直分工和水平分工的密切联系下形成愈发紧密的地方生产网络，集聚效应显著，推进了工业化的发展，繁荣了城市经济，同时吸引大量本地和外地劳动力向开发区流入，消费和需求增多，推动了生活性服务业等第三产业发展，开发区内的城市功能不断增加，城市品质不断提升，开始从单一产业区发展成为综合城区，逐渐打破开发区与城市的界线，实现开发区的扩张及与城市的互动融合。

3. 第三产业发展是推动开发区与城市融合的必要条件

第三产业的发展，一方面可以为工业和城市发展提供配套性的生产生活服务，推动基础设施和公共服务完善，使产业结构更加优化，生产生活更加便利，城市功能更加完善；另一方面可以利用其较高的就业弹性，提供更多的就业岗位，吸纳农村剩余劳动力向城区集聚，推动城市进程。开发区的第三产业发展主要包括总部经济、信息服务业、现代物流业、金融创新服务业、文化创意产业、科技研发服务业、交易中心及会展业、标准认证业、商贸服务业和旅游休闲业等。①

其中，总部经济作为国际分工的高端环节，可以产生高度的产业关联和集聚效果，成为广州开发区大力发展的产业，2007年11月政府出台《广州开发区鼓励发展总部经济暂行办法》并于2009年对其修订，加大对总部企业、项目、人员的扶持力度，截至2014年，共有37家企业被认定为总部经济，内资19家，外资16家，总注册资本近200亿元。

商贸服务业是伴随着萝岗区成立逐渐发展的，在萝岗区成立之

---

① 根据广州开发区、萝岗区第三产业"十二五"发展规划整理。

前，区内人口的生活和消费大部分在区外，商贸服务业发展缓慢，在开发区转型升级后政府出台《广州市萝岗区商业网点布局规划（2007—2020）》指导推动商贸服务业发展，2015年继续出台《广州开发区、黄埔区2015年鼓励商贸及服务业企业扩大经营奖励暂行办法》，推动商贸业做大做强。2017年，全区社会消费品零售总额实现821.66亿元，增长12.3%，比全市增速高4.3个百分点，增速稳居全市首位。全区实现商品销售总额5565.56亿元，增长26.8%，其中批发业实现商品销售额4592.48亿元，增长30.1%。年销售额超亿元的商贸业企业有305家，累计实现销售4930.35亿元，增长37.1%。

休闲旅游业包含食、住、行、购、游、娱六要素，对相关产业具有巨大的带动效应，开发区中心城区利用丰富的旅游资源积极谋划旅游业发展，投入资金加大对旅游景点和项目的开发宣传力度。整合各类旅游资源，构建旅游产业链，依托NBA演艺馆、国际网球中心等体育场馆为基础，开发体育休闲旅游；依托天鹿湖森林公园、香雪公园及禾雀花文化旅游节、荔枝文化节开展生态休闲旅游；依托科学城、本田汽车制造、珠江钢厂等开发工业旅游。旅游业的发展带动了餐饮、住宿以及旅游购物等消费，推动区域经济发展。

房地产业的发展是对开发区城市居住功能的完善，自萝岗区设立后，政府加大了对房地产业的开发力度，引进万科、保利等企业发展商品住宅，完善城市职能。2017年，全区商品房施工面积1479.14万平方米，增长12.7%；商品房销售面积326.89万平方米，增长15.4%；商品房销售金额539.03亿元，增长25.9%。

其他服务业也保持着平稳发展的势头。2017年，全区规模以上服务业企业实现营业收入846.39亿元，增长21.2%。在规模以上服务业行业中，交通运输、仓储和邮政业，信息传输、软件和信息技术服务业，科学研究和技术服务业，租赁和商务服务业营业收入居前，分别实现营业收入 219.55 亿元、262.28 亿元、165.57 亿元、130.83 亿元，分别增长 17.3%、17.3%、19.4%、21.8%。

4. 城镇化推动开发区与城市的互动融合

在广州开发区通过产业集群建设推进区域工业化的进程中，为实现开发区的转型升级，开发区的城市化进程也在不断推进。为推动开发区与城市融合，构建生态型新城区，新城区主要采取以下措施推动城区发展。

第一，完善城乡基础设施建设。建立起覆盖城乡的交通网络体系。开发区所辖区域包括广深高速公路、广惠高速公路、广园快速路、广州环城高速、广汕公路、广深公路等，对外交通便利；与母城市区以及珠三角城市群的交通运输网络已实现对接，形成区域主干路网体系；连接开发区内科学城、东区、萝岗、永和等组团的主干路网体系已形成。针对城乡一体化中的乡村路网建设，完善了农村地区的道路交通主骨架路网和"村村通公路"工程，逐步完善能源、通信、水利、环保等基础设施建设，实现乡村"五通"。基础设施建设的完善，为开发区与城市的融合打下良好的物质基础。

第二，塑造城市整体形象，营造城市氛围。为改变原有开发区以工厂、科研院所为主的单一建筑景观形象，营造浓厚的城市氛围，区政府开始对城区景观进行建筑规划，完善公园、电影院、图书馆、综合体育馆、医院、商场、酒店、会馆等城市重点项目建设，极大地丰富了城区景观，形成新城区的景观格局，塑造了城市形象。

第三，注重城区生态环保，打造"生态型"新城区。新城区设立后，政府通过实施"青山绿地"与"碧水蓝天"工程，建设科学公园、萝岗香雪工业、天鹿湖森林公园等重点生态保护区，加大环保设施投入，关闭污染企业，进行环境整治等措施，打造生态型城区。同时，政府出台了一系列的有关生态环保的系统性规划，用来指导城区形成发展的生态环境保护和建设。2014年，全区万元GDP能耗下降了2.62%。环境整治初见成效，提高了市民的生活幸福指数。

第四，推动管理制度转变。在开发区与城市实现融合发展后，按照新的城区发展定位，社会管理制度发生转变，开始从以前单一的经济管理职能向城市综合管理职能转变。主要表现为：在原有的侧重经济管理部门设立的基础上增设更多的社会和城市综合管理部门，使代管职能机构成为名副其实的区政府；调整完善行政区划，构建适应城市化发展社区管理体制；成立区人大和区政协，保证新城区拥有独立、合法的行政区地位和权利。

三 工业化、城镇化带动的开发区与城市互动发展方向

面向未来，广州开发区与其所融合的黄埔区将结合新的区划调整，继续保持其工业化和城镇化步伐，实现功能区和行政区互动，推动新城区经济社会发展。

新城区将抓住新一轮的国家开发开放战略和区域发展战略机遇，继续发挥其增长极优势，加强与港澳地区、北部湾地区、海峡西岸经济区等区域的竞争与合作，利用海上丝绸之路建设契机，实现与沿线国家在产业、能源、经贸、物流、科技以及生态等领域的交流与合作，继续推动外向型经济发展，鼓励企业走出去，培育新的经济增长点。实现政策驱动、要素驱动向创新驱动转变，提升区域自主创新能力，构建产学研互动创新平台，提高企业创新研发的积极性，打造具有国际水平的高科技社区，形成创新研发集群，构建科技创新体系，推动战略性新兴产业发展，提升产业核心竞争力。大力推进第三产业发展，促进生产性和生活性服务业成为区域经济的新增长点，以"物联网"和"智慧城

市"建设为契机发展现代物流和信息服务业，发挥金融服务对区域经济发展的支撑作用，实现金融创新和金融集聚。通过产城融合，全面提升区域城市功能，完善基础设施和交通运输网络体系建设，提高公共服务水平，构建层次多样的居住社区，完善教育、医疗、文化、体育等公共设施和服务，打造宜居之城。继续探索行政区和功能区融合发展的新模式，在功能区与行政区实现区划合并的基础上，继续合并二者的行政职能和经济开发职能，提高政府部门办事效率，进一步推进开发区由单一功能区向综合城区的转型升级，实现与城市的互动融合发展。

第二节 创新、创业驱动的开发区与城市互动发展案例

高新技术产业开发区是中国设立较早的几类开发区之一，自1988年设立以来，经过三十多年的发展，已经成为中国"发展高科技，实现产业化"的重要基地，部分早期设立的开发区已经成为城市科技研发和创新的核心区，是城市经济的新增长点，也是驱动区域经济发展和科学技术创新的重要辐射源。从与城市发展关系来看，开发区开始成为城市体系中重要的工业组团，并且随着园区经济的发展，基础设施的完善，开发区与城市的互动也愈发紧密，部分开发区已开始打破与母城的界线，实现融合发展。本节将视角从中国东南沿海的珠三角地区转向东部沿海的长三角地区，以南京高新技术产业开发区为例，介绍在创新、创业驱动下的开发区与城市互动发展类型。

一 南京高新技术产业开发区发展轨迹

南京高新技术产业开发区（以下简称南京高新区）位于南京市浦口区，我国东部沿海与长江经济带交汇处，地理位置优越、资源

丰富，具有良好的经济基础。南京高新区是中国最早一批设立的高新技术产业开发区，经过三十多年的发展，功能逐渐完善，开始逐渐从单一功能的科技园区向综合型城区演进。南京高新技术产业开发区主要经历以下几个发展阶段。

1. 以科技园区为主的起步阶段

南京高新技术产业开发区创建于1988年4月，1991年被国务院批准为国家级高新区，初始规划面积为16.5平方公里。南京高新区在1997年分成南京高新技术产业开发区、南京新港开发区和南京江宁经济技术开发区一区三园形式，各自独立管理，本节研究区域为沿用原南京高新技术产业开发区名称的浦口片区，分区后，规划面积为6.5平方公里。这一时期属于开发区的起步初创阶段，主要通过"七通一平"的基础设施和配套服务建设，实现由农田向工业园区的转型，通过对外的系列招商引资工作，吸引要素于园区聚集，为工厂企业入驻园区提供良好的保障。此外，南京大学、东南大学等高校开始在园区内办学，构建大学城，形成园区内的科研支撑。高新区的工业总产值从1989年的2992万元增长到2001年的3061286万元，年均增幅达到70%以上，累积利用外资达到2.48亿美元。园区建设初具规模。

2. 向综合型城区发展的转型阶段

南京高新区自2002年开始进入到转型升级阶段，提出建设"园林式高科技园区和高尚生活社区"的建设总体目标，园区开始从单一的科技园区向综合性城区演进。在创新创业园区建设上，高新区提出依托"三大"（大学、大厂、大院所）的主张，加大与高校和科研机构的合作力度，通过产学研结合，重点发展电子、通信、生物医药、软件、动漫等新兴产业，形成信息化的产业园区。继续扩大园区规模，打造各类创新创业载体，包括中国南京留学人员创业园、海峡两岸科技工业园、欧洲科技工业园、南京软件园等多个创新创业平台。引进了大量高科技产业项目,推动高新区产业集群的形成。在行政区划调整上,高新区自2002年起即在江北行政区划调整上,与浦口区整合资源,通过统一行政领导,两区领导相互兼任等方式,加强两区的互融互动;2006年,浦口区盘城街道划归高新区管辖;2010年,高新区与浦口区开始进行全面整合,推动两区一体化发展,按照一体化的原则思路,统一各类发展规划编制、统一城市设计、统一实施基础设施建设、统一城市管理、统一产业空间布局、统一各项拆迁安置、统一土地管理等。2014年,南京高新区技工贸收入达到2702亿元,地区生产总值260.5亿元,公共财政预算收入45.6亿元,已拥有高新技术企业109家,高新技术产业产值占规模以上工业产值比重的60%,研发R&D投入占比为5.2%,成为南京市经济发展的核心区。

3. 向都市圈和改革新区融入的新阶段

高新区的不断发展,不仅推动了自身科学技术产业的发展,成为城市的智慧核心,也在与城市的互动发展中实现区城融合,并通过不断的区域创新,实现更大范围的辐射和融合。2015年6月27日,国务院正式批准设立南京江北新区,是国家的第13个国家级新区,江北新区主要包括南京市浦口区、六合区和栖霞区八卦洲街道,共有包括南京高新区在内的3个国家级开发区和2个升级开发区以及2个港区,规划面积为788平方公里。南京高新区和浦口区作为江北新区的中心,将在引领新区经济发展,驱动区域科技创新,引领产业转型升级,推动产城融合等方面发挥重要作用。高新区将依托区内的三大特色产业集群:南京软件园、南京生物医药谷和北斗卫星产业基地,以及吸引创客入驻的创新孵化器推动创新创业发展,并继续推进与周边开发区和城区的互动融合。

二 创新创业驱动下的开发区与城市互动特征

1. 科技创新和研发是高新区与城市互动的根本动力

增强区域科学创新能力，推动科技产业化是开发区设立的初始目的，遵循这一思想，南京高新区从设立之初即重视科技创新和研发对于区域经济和空间的塑造能力，在"八五"期间，就提出"依靠三大"战略，在高新区兴办大学城，推动南京大学、东南大学等高校入驻高新区，以产学研结合的方式，加大政府、企业和科研院所之间的合作。合作内容主要包括：高校联合共建，培育应用型人才，如政府与南京大学联合共建软件学院等；由高校牵头，与政府或企业共建应用型研究机构，如南京大学与区政府共建南京生物医药研究院、南京信息工程大学与南京中网共建卫星通信研究院等；高校和企业联合共同研发，推动研究成果快速产业化，推动区域产业升级转型，为区域带来良好的经济效益和社会效益。

南京高新区重视重大高新技术和新兴产业的培育和发展，建区以来，已初步形成软件及系统集成、生物医药、卫星应用等主导产业，这三大主导产业 2013 年实现销售收入 567 亿元，占区内经营企业销售收入的 60%。软件及电子信息、生物医药类在建重点项目数、总投资额占园区总数 2/3 以上。园中企业大部分为科技创新型企业，其中 70% 以上的企业拥有自主知识产权或自主品牌。园区拥有高新技术企业 102 家，2013 年实现产值 1100 亿元，占全区规模以上工业产值 77%；园区大中型工业企业及规上高新技术企业均已建有企业研发机构，其中经认定的市级以上研发机构 143 家；获得省重大科技成果转化专项资金支持项目 33 个，项目实施期间累计总投资 30.2 亿元，新增销售收入 114.5 亿元，利税 29.1 亿元；近年来，园区企业累计实施"863 计划"、国家重大科技专项、国家科技支撑计划等项目 20 余项。①

科技创新研发和高新技术产业的发展推动了高新区产业集群的发展,形成了上下延伸较为完整的产业链和价值链,从而实现高新区地域空间扩展,产业关联增多,基础设施建设和公共服务逐渐完善,与城市的地域和产业关联增多,推动整个区域的技术升级和产业结构优化,成为整个城市创新驱动的引领区和智慧核心。

2. 创业资本融入是高新区与城市互动的源泉

创业投资促进了资本在高新区空间的扩张,大量掌握高新技术和先进管理经验的人才被吸引至高新区创业,有利于推动区域产业发展和技术进步,同时吸引大量的劳动力、资源、资本等要素集聚,形成高科技产业集群,提高宏观经济效益,推动开发区与城市间的知识溢出和产业关联,形成良性互动机制。

南京高新区在吸引人才和创业孵化上采取了很多措施,从设立初期即出台各项人才引进政策,打造各类创业平台和企业孵化器。1994 年成立南京留学人员创业园,负责对海归人员提供创新创业服务,2007 年年初,与南京工业大学共建"海内外领军人才'三创'载体"。以创建"国家创新人才培养示范基地"为抓手,集聚"千人计划"人才 25 人,省"双创计划"人才、南京 321 引进计划人才 127 人,培养科技创业家 12 名。此外,高新区陆续成立 8 个科技企业孵化器,其中国家级 4 个,市级 2 个。截至 2013 年年底,高新区孵化器总孵化面积达到 32.4 万平方米,在孵企业总数 400 余家,累计毕业企业 167 家。2014 年成功获批成为首批省级"创业苗圃—孵化器—加速器"科技创业孵化链条试点单位。近年来,各类创客空间开始在高新区内出现,与以往政府大力扶持创业

---

① 中华人民共和国科学技术部网站,http://www.most.gov.cn/ztzl/qgkjgzhy/2015/2015jlcl/2015jlgjzzcxsfq/201501/t20150109_117644.htm。

孵化不同，创客空间的大部分资本来自社会，在政府大力推动下，"创客星智汇"公共技术平台，北斗检测中心、位置网平台等一大批创业平台成为驱动园区企业发展的重要推手。

3. 制度创新是高新区与城市互动的有力保障

南京高新区是政策推动的产物，在制度建设上一直紧跟高新区的前进方向，为开发区的发展及与城市的融合提供制度保障。在高新区设立初期，政府主要在基础设施建设和招商引资上起到规划和引导作用，建立起高新区的运行机制、政策体系和管理制度等。在高新区由单一功能区向综合城区转型升级的过程中，政府加大了对管理制度的创新力度，通过调整行政区划，实现功能区与行政区的整合互动，避免高新区产生"孤岛效应"，通过"七个统一"实现高新区与行政区在空间布局与规划、资源开发与利用、制定实施政策、公共服务与管理以及体制机制构建上实现全面整合。随着高新区的功能定位发生新的变化，对高新区的机构设置也从单一的经济管理职能向综合城市管理转变，管理机构更加完备。高新区与城市在制度上的互动融合，创新管理体制和机制为二者在更多领域的互动发展提供了有力保障。

三 创新创业驱动下的开发区与城市互动发展方向

面向未来，南京高新区将在新的江北新区区划背景下，实现与浦口城区乃至南京都市圈域更大范围的互动融合。借助"一带一路"和长江经济带建设两大区域战略，依托江北新区的开发开放实验平台，南京高新区将继续加大与浦口的互动融合步伐，构建城市中心组团，发挥中心城区的辐射引领作用，打造科技创新板块，通过"一谷一园"建设，培育区域科技创新和知识创新中心。

继续推进创新发展，增强板块的自主创新能力，强化创新载体和平台建设，在学习引进世界一流技术和企业的同时，加大自主研发力度,政府、企业及科研机构多方合力,产学研相结合,推动科研成果转化和产业化。继续打造创新创业平台,鼓励"大众创新、万众创业",推动创客空间建设,创新投融资模式和孵化方式,成为新区创新创业的主引擎。继续发展高新技术产业集群,重点发展软件及电子信息产业、生物医药产业以及卫星导航应用产业,推动新兴产业和高新技术产业发展,加快以研发服务、电子信息服务、外包服务、金融服务等生产性服务业的发展,优化区域产业结构,构建现代产业体系。推动生态宜居城区建设,注重绿色发展和生态文明建设,通过产城融合,提升新区城市功能。突出区域联动、城乡互动,在新区内部实施一体化战略,参与江北新区各大功能板块的整合协调,协同各板块及南京都市圈内其他城市在产业、基础设施建设、生态环保等领域的竞争合作,增强区域辐射带动作用。

第三节 边境—腹地联动的开发区与城市互动发展案例

边境经济合作区自 1992 年由国务院批准设立以来,经过二十多年的发展,不断壮大,已经成为国家沿边开放政策的前沿和窗口,是中国发展对外贸易和外向型经济的主战场。大部分边境经济合作区经过长期的发展,经济规模和对外贸易额实现了跨越式增长,并且随着国家开发开放政策的不断演进,对外开放程度不断加深,对外开放的形式也呈现出多样性。除边境经济合作区外,很多边境城市或口岸会同时设立出口加工区、保税区、综合保税区、跨境经济合作区、跨境旅游区等推动对外经贸发展的多样化的开发区或合作区,并且随着时间的推移和进一步扩大开放的需要,部分边境城市通过资源整合、板块重组,推动各类型的开发区整合一体化发展,向更高开放度的自由贸易区方向发展。

虽然以边境经济合作区为主的边境开发区近年来获得长足发

展，但受制于所依托城市多为边陲地区的中小城市，经济体量相对较小，对于经济资源和要素的集聚能力较弱，区域辐射带动效应较小，产业发展严重不足等问题，开发区与所依托母城的互动并不能收到良好的效果。因而，开发区与城市的互动发展需要更加广阔的腹地来提供更加强大的支撑，形成紧密联系的地域经济单元，提高开放窗口对腹地带动能力。这种边境—腹地联动的开发区与城市互动方式已在很多区域获得认可并付诸实践，形成内外联动的全方位开发开放格局，尤其在我国"一带一路"建设的大背景下，这种互动方式非常契合"一带一路"建设的发展要求和目标，成为"一带一路"建设的坚实基础。本节以中国图们江（珲春）国际合作示范区（以下简称"珲春国际合作示范区"）为例，分析其发展及与城市和长吉图区域的互动历程，总结互动特征并提出其未来的互动发展方向。

一 珲春国际合作示范区发展轨迹

珲春国际合作示范区地理位置优越，是中、俄、朝三国交界的几何中心，并且作为吉林省唯一与俄罗斯边境接壤的陆路口岸，是图们江地区开发开放战略的核心地带。珲春市东南与俄罗斯滨海边疆哈桑区接壤，西南与朝鲜罗津—先锋自由经济贸易区和咸境北道相邻，隔日本海与韩国、日本相望，周围对应着众多的俄罗斯和朝鲜的港口，如波谢特、海参崴、罗津等，是国际客货海陆联运的枢纽，这些港口均可通过公路或铁路与珲春相连。

1. 20世纪80年代末到20世纪末的开发区初创阶段

珲春虽处于中、俄、朝三国交界的边境贸易前沿地带，但珲春早期的边境贸易发展缓慢，在改革开放前基本处于封闭状态。1988年5月，经由国务院批准，作为吉林省唯一对俄国际货物运输口岸的珲春口岸开始设立。1992年，国务院批准珲春市作为边境开放城市，成立国家级边境经济合作区。1993年珲春口岸获得国际客货公路运输口岸资质，允许第三国人持有效证件通行。珲春成立国家级边境经济合作区主要是以图们江地区合作开发战略为基础。1991年，联合国开发计划署（UNDP）倡导国际合作开发图们江三角洲，成立图们江地区开发项目（TRADP），开始了对图们江地区的合作开发。1995年，中、俄、朝三国以及中、俄、朝、韩、蒙五国针对图们江地区的国际合作问题签署了三个合作的框架性文件，使得图们江地区的合作开发进入了实际操作阶段。图们江地区的合作开发战略为珲春边境经济合作区的建立发展提供了良好的政策驱动和发展对外经贸合作的环境。

2. 21世纪初期的开发区发展及整合阶段

进入21世纪，国家加大了对沿边地区的开发开放力度。2000年4月，珲春获批在边境贸易区内设立出口加工区。2001年2月，在珲春口岸附近设立了中俄互市贸易区。这样边境经济合作区、出口加工区及互市贸易三区成为具有工业生产、边境互市、保税仓库、商业服务、居住旅游等多功能的国际合作开发区。2009年，国务院批复实施《中国图们江区域合作开发规划纲要—长吉图为开发开放先导区》，长吉图战略上升为国家战略，珲春作为长吉图先导区的窗口，成为发展国际经贸合作的先行区。2012年4月，国务院正式批准设立"中国图们江区域（珲春）国际合作示范区"，范围约90平方公里，在整合原有的边境经济合作区、出口加工区和互市贸易三区的基础上，形成新的四大板块，包括国际产业合作区、边境贸易合作区、中朝珲春经济合作区和中俄珲春经济合作区，从九个方面赋予珲春特殊支持政策。

3. 2012年至今的升级发展阶段

2012年以后，伴随着国家和区域政策的推动，珲春开发区进入大发展阶段。在中央的大力扶持之下，尤其是"一带一路"建设的推动和扶持下，作为东北亚丝绸之路的重要节点，珲春国际合作示范区的战略地位愈发受到重视，发展已初具规模。结合东北亚"一带一路"建设，珲春国际合作示范区在国际国内通道建设、基础设施建设、区域国际合作平台建设、合作机制和框架建设上已取得较大进展。

目前，珲春已有18个对外通道项目入选《中国与周边国家互联互通规划》。对俄通道建设上，先后开通了经俄罗斯扎鲁比诺、符拉迪沃斯托克至韩国束草、釜山以及日本秋田、新潟的陆海联运航线，经扎鲁比诺至釜山、经斯拉夫扬卡至欧美的航线，有望近期开通；珲春至卡梅绍娃亚铁路常态化运营，长春经珲春至海参崴国际货运线路正式开通，珲春至海参崴高速公路和铁路积极推进；目前已启动建设千万吨国际换装站，扎鲁比诺港一期改造工程竣工，克拉斯基诺口岸新联检楼已投入使用，俄罗斯苏玛集团（珲春）物流中心前期工程开启，中俄珲春—哈桑跨境经济合作区建设在即，中俄跨境合作程度进一步加深。对朝通道建设上，朝方元汀—罗津二级公路已建成通车，中朝圈河—元汀老跨境大桥完成修缮，新圈河口岸跨境大桥正在积极建设，中朝甩湾子—训戎里铁路改造纳入互通互联规划，已与朝方签订罗津港1号码头改造利用协议，经罗津至萨哈林航线有望近期开通，在内贸外运建设上，开辟了珲春经朝鲜罗津港至东南沿海（如上海、宁波、黄埔、洋浦、汕头、泉州等）多个目的地港的内贸货物跨境运输通道，并获许返程集装箱货物运输，航线吸引力显著增强。通关服务中心基础设施建成，已开始实施东北地区通关一体化战略。目前图们江地区已经形成了以珲春为中心，包括中俄、中朝公路通道、中俄铁路通道和多条海路联运通道的区域陆海交叉的通道网络，基本实现了对俄、对朝口岸的"借港出海"。在中蒙大通道建设上，目前正在积极争取"两山"铁路的开通，开通后将形成欧洲—蒙古—乔巴山—塔木萨格布拉格—松贝尔—阿尔山—乌兰浩特—白城—松原—长春—吉林—图们—珲春的一条陆上通道，并通过珲春经扎鲁比诺或罗津港连接出海，形成名副其实的东北亚海陆大通道。在国内段建设方面，将着手构建与延龙图前沿、长吉腹地以及相邻省份的现代化立体交通网，实现与东北地区四省各主要经济带的互通互联，沿边与腹地联动。目前已建成珲春—图们公路、珲春—东宁公路、长春—珲春高速公路、珲春—乌兰浩特高速公路、图们—珲春高速公路，吉图珲铁路客运专线已运营通车。在园区建设方面，重点对能源水电、林产品加工、电子产品、纺织服装等产业进行合作，加大投资力度。自2007年起，珲春先后设立了俄罗斯工业园区、日本工业园区、韩国工业园区和吉港工业园区，针对不同领域进行产业合作。目前，柳多岛国际合作示范园区获朝方批复，苏玛揽货中心、中韩工业园、东北亚国际木材交易中心等项目也在稳步推进中，国际合作程度逐渐加深。

2018年，全区全年实现外贸进出口总额93.80亿元，比上年下降5.8%。其中，出口总额24.25亿元，下降28.7%；进口总额69.55亿元，增长6.0%。中俄哈桑、中朝沙坨子跨境经济合作区建设稳步推进，对外经贸合作遍及全球80多个国家和地区；对俄合作成效显著，实现贸易额46亿元，同比增长90%，其中煤炭、海产品进口同比增长32%、160%。全市外贸企业发展到230家。

二 边境—腹地联动的开发区与城市互动特征

1. 国际合作示范区是城市发展的主要牵引力

珲春国际合作示范区是吉林省唯一的同时对俄、对朝开放的经贸合作区，是图们江地区开发开放战略的核心地区，也是依托边境贸易和口岸经济成长起来的东北重要商埠。在国家沿边开发开放政策的引导下，以及大图们倡议等国际力量推动下，珲春国际合作示范区成为整个城市发展的中心和枢纽,也是长吉图区域乃至整个东北地区的重要战略支点。合作示范区是城市外向型经济发展的重要支撑,通过极化效应实现资源、资本、技术等在边境的集聚,强化了与邻国的经贸往来与合作开发,达到经济互动的目的,对整个市域的经济发展具有重要的牵引功能。近年来,珲春国际合作示范区外向型经济发展迅猛,外贸进出口总额呈现出几何级数上涨(见图5-1),从2004年的21867万美元上涨至2017年的146200万美元,是2004年的约7倍。珲春国际合作示范区的发展推动了城市经济的发展,地区生产总值从2004年的192800万元飙升至2017年的947368万元(见图5-2),县域经济排名也从"十一五"末期的吉林省第25名上升至第5名。珲春国际合作示范区的发展也带动了珲春市的经济发展,对外贸易和投资的优化,产业结构的升级以及城市建设和公共服务水平等方面的提高。

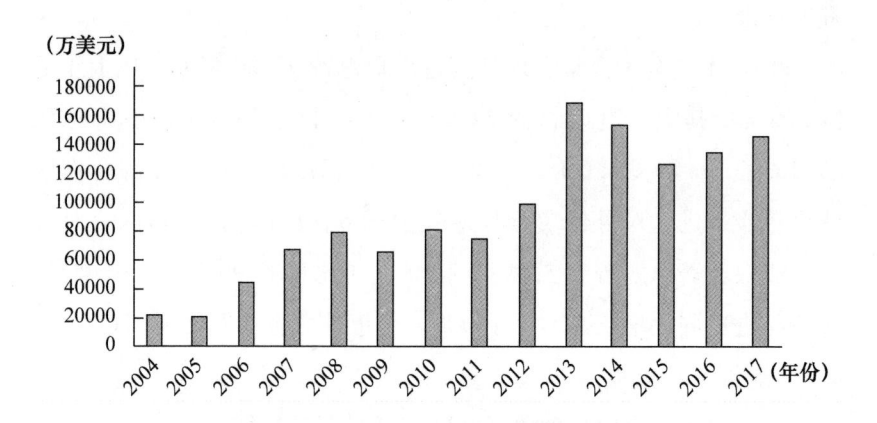

图 5-1 2004—2017 年珲春市外贸进出口额

资料来源:2004—2017 年《珲春市国民经济和社会发展统计年报》。

2. 腹地经济是珲春国际合作示范区发展的重要支撑

珲春国际合作示范区位于吉林省的边境地区,属于老少边穷地区,经济发展水平不高,产业基础薄弱,经济体量较小,三次产业

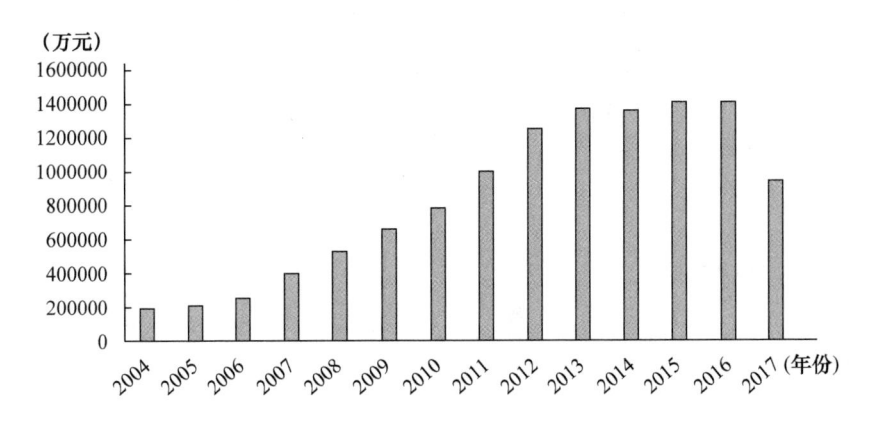

图 5-2　2004—2017 年珲春市国民生产总值

资料来源：2001—2017 年《珲春市国民经济和社会发展统计年报》。

结构为 4.0∶71.3∶27.4，产业结构不合理，第三产业发展严重滞后于经济发展水平，与"长吉图先导区"的窗口和"一带一路"重要节点的地位极不相称。较小的经济规模对于资源的集聚能力和区域带动能力较弱，极易形成"孤岛经济"，也不利于进一步扩大对外开放步伐，亟须广阔的腹地作为强有力的后盾和支撑，因此，国家于 2009 年出台《中国图们江区域合作开发规划纲要——长吉图为开发开放先导区》，以长吉一体化和延龙图一体化发展作为其发展的腹地支撑。

长吉图开发开放先导区是吉林省经济社会发展的核心区域，主要包括吉林省范围内的长春市部分地区（长春市辖区、德惠市、九台区和农安县）、吉林市部分地区（吉林市辖区、蛟河市和永吉县）以及延边州地区，总面积为 7.32 万平方公里，占全省的 39.1%。2014 年，人口达到 1107.16 万人，占全省总人口的 41.4%，区域 GDP 总量达到 8568.41 亿元，占全省的 62%，成为全省的经济重心。全省的支柱产业如汽车工业、石油化工工业、农产品加工工业等均在此聚集，90% 以上的高校、科研院所等均位于此区域，科研力量雄厚，人才、资本等要素高度集中。通过中心腹地区域的整合，推进长吉一体化，强化腹地的支撑能力，为边境地区提供广阔的市场和丰富的生产要素；通过开放前沿的延龙图一体化，形成边境区域中心城市，为珲春窗口提供前沿支撑。

3. 内外通道建设是合作示范区与腹地联动的重要保障

通道建设对于促进区域经济发展和开发开放具有极为关键的作用，对于珲春国际合作示范区的发展更是至关重要。尽管国家近年来加大了对边境地区的基础设施建设投入，但很多边境地区的通道建设仍处于"通而不畅"的情形。借助"长吉图开发开放先导区"建设、中国图们江（珲春）国际合作示范区建设以及"一带一路"建设等，在东北亚地区国际合作升温的背景下，珲春国际合作示范区的对内对外通道建设已经取得了长足的发展，实现了对俄、对朝通道的畅通，借港出海目标基本实现。通过构建完善区域内的综合交通运输网络，畅通区域内外通道，实现省际通道顺畅，通过内贸外运，发挥内外通道建设的作用，将合作示范区与腹地乃至更广阔的区域联系起来，形成全方位、立体化的交通物流运输网络。不断畅通的内外通道建设，加强了开发区与城市和腹地的互动，跨境经贸往来逐渐增多，进出口货物和人员逐年增加，为对外贸易和区域经济的发展起到良好的提振作用。

4. 产业联动是推动合作示范区与长吉图区域联动发展的内在动力

区域联动发展的内生动力在于产业联动，只有通过区域间的产业分工与合作，优势互补，统筹发展，才能实现资源的优化配置，推动区域经济一体化发展。发挥长吉一体化区域在汽车、石化、农产品加工、光电子信息、冶金建材、装备制造、生物、新材料等优势产业的主导作用，通过推进沿线各类开发、工业园区以及各市县的工业集中区的发展，形成具有自主创新能力和国际竞争力的新型工业基地，为前沿提供雄厚的产业基础和充足的货源支撑。发挥珲春国际合作示范区在境内境外两种资源、两个市场优势，充分利用与周边合作国家的经济技术联系，实现优势互补，推动外向型经济发展。通过发展总部经济、现代服务、特色旅游、文化创意、服务外包、商务会展和金融保险等现代服务业，推动长吉图区域产业和经济的整合联动。推动高校、科研机构以及企业等科学技术创新，打造高新技术产业集群，通过产学研结合，促进科技成果转化，为区域产业发展和联动提供技术支撑。通过产业结构的优化升级，推动配套产业向前沿和窗口转移，鼓励产业、企业间在经济技术上的合作，整合市场，推动长吉图区域一体化发展。

三 边境—腹地联动的开发区与城市互动发展方向

面向未来，珲春国际合作示范区逐渐迈向成熟，将进一步加强与城市和长吉图区域的互动。继续加大对通道建设、基础设施建设和公共服务的投入力度，探索沿边地区开发开放体制机制创新，完善市场机制，营造良好的法律环境，完善国际经济技术合作平台建设，推动跨境合作模式和边境—腹地联动模式建立完善，形成全方位的开放性经济发展格局。

中国（上海）自由贸易试验区（以下简称上海自贸区）的设立为珲春国际合作示范区的进一步发展提供了"可复制、可推广的经验"，也指明了新的发展方向。珲春国际合作示范区可借鉴上海自贸区整合上海外高桥保税区、上海外高桥保税物流园区、洋山保税港区和上海浦东机场综合保税区为一体的经验，整合珲春市和示范区、出口加工区、边境合作区等管理体制，撤市设区，推进城乡一体化建设，改革创新金融外汇管理体制和海关监管服务体制，以跨境旅游合作区建设的特殊功能合作为突破口，向综合性的边境自由贸易区演进，在边境自由贸易区基础上放开至全境，扩大自由贸易区的辐射范围，推动合作示范区与城市的融合发展，促成区域经济一体化。

第四节 产业集群—开发区群—城市群联动的自由贸易试验区设立探讨[①]

基于上节的分析，本节对于在吉林省省内构建产业集群—开发区群—城市群联动的自由贸易试验区模式开展探讨。

自由贸易试验区即自由贸易园区（Free Trade Zone，FTZ），是指在国境内关境外设立的，以优惠税收和海关特殊监管政策为主要手段，以贸易自由化、便利化为主要目的的多功能经济性特区。其原则上是指没有海关"干预"的情况下允许货物进口、制造、再出口。目前，在许多国家境内单独设立的自由港、自由贸易区都属于这种类型，如德国汉堡自由港、新加坡自由港、巴拿马科隆自由贸易区等都属于典型的 FTZ。[②]

自由贸易试验区（以下简称自贸区）建设是新时期中国深化改革开放、实现体制机制创新的重要平台。2013 年 9 月 18 日，国务院批准了《中国（上海）自由贸易试验区总体方案》。上海自贸区获批在国内外引起强烈反响，已经成为中国新一轮改革开放的风向标。由于中央明确上海自贸区经验必须"可复制、可推广"，很多省市纷纷提出本地的自贸区建设方案，争取获得扩容的机遇。中共中央政治局 2015 年 3 月 24 日召开会议，审议通过了《中国（广东）自由贸易试验区总体方案》《中国（天津）自由贸易试验区总

[①] 本部分内容作为资政建议获得省级领导批示，收录于吉林省 2017 年度"十三五"智库规划基金课题成果文萃——《新优势、新举措、新发展》，社会科学文献出版社 2018 年版，第 275—290 页。

[②] 任学武：《一本书读懂自贸区》，人民邮电出版社 2017 年版，第 2—4 页。

体方案》《中国（福建）自由贸易试验区总体方案》《进一步深化中国（上海）自由贸易试验区改革开放方案》。2016年8月31日，第三批自贸区扩容至辽宁、浙江、河南、湖北、重庆、四川、陕西7个自贸区。2017年3月31日，国务院分别印发《中国（辽宁、浙江、河南、湖北、重庆、四川、陕西）自由贸易试验区总体方案》以及《全面深化中国（上海）自由贸易试验区改革开放方案》。这标志着我国的自由贸易试验区战略迈入3.0时代，自贸试验区战略无论是在深度和广度上都实现了又一次大升级。从最初长江口（上海）的星星之火，到点燃四点一线（上海、广东、天津、福建），再到形成11个自贸试验区梯度开放新格局，这一战略必将形成燎原之势，推动我国改革开放新局面的形成。

伴随着"一带一路"建设的全面推进，我国新一轮的改革开放全面启动，自由贸易区作为"一带一路"建设的重要支撑，其升级、推广、扩容必将加速展开。本节将继续以吉林省为例，探讨以产业群—开发区群—城市群联动为基础，设立中国吉林自由贸易试验区的可行性及备选方案。

一 设立中国吉林自由贸易试验区的现实意义

1. 实现与"一带一路"有效对接的必然要求

2017年5月14日，国家主席习近平在北京出席"一带一路"国际合作高峰论坛开幕式，并发表题为《携手推进"一带一路"建设》的主旨演讲。习近平主席在讲话中总结了自2013年发起"一带一路"倡议以来，4年间我国在"五通"建设中取得的突出成就，"一带一路"建设从理念转化为行动，从愿景转变为现实。站在历史发展的新起点上，为继续顺利推进"一带一路"建设，全方位实现对外开放，促进区域经济一体化发展，与沿线国家间的自贸区体系构建将成为考察的重点。就国内而言，推进落实"一带一路"的重要途径即是选择国内一些核心区域和重要节点作为开发开放平台，构建自由贸易试验区体系，使其成为"一带一路"的重要支撑。

2015年3月，国家发改委、外交部、商务部经国务院授权发布《推动共建"丝绸之路经济带"和"21世纪海上丝绸之路"的愿景与行动》，明确把东北地区纳入"一带一路"建设，并把中俄蒙大通道和建设向北开放的重要窗口列为规划的重点。基于吉林省得天独厚的区位优势、发展基础和边疆安全战略考虑，在长吉图先导区和珲春国际合作示范区建设的基础上，适时推进中国吉林自由贸易试验区建设，对于中国推进"一带一路"北线建设，构建中国北部新欧亚大陆桥的桥头堡，具有重要战略意义。

2. 推进东北亚地区和平发展的必然选择

目前东北亚局势复杂多变，中国为了维护国家安全尤其东北老工业基地的稳定发展，就必须主导东北亚和平发展的局势。中国在东北亚地区的最大利益就是维护好和平稳定局面，而扩大面向东北亚开放是我国推进东北亚和平发展的关键举措。目前中国正在积极推进中日韩自由贸易区谈判，"大图们江倡议"合作日趋务实，中俄蒙经济走廊建设已经起步，东北亚各国在相关领域组织机制下展开积极主动交流。俄罗斯加强远东开发开放为中俄合作提供了新的机遇；蒙古国对图们江地区合作开发及草原丝绸之路建设很感兴趣；朝鲜也在加大开放步伐，在中朝边境设立多处开发区，开发开放意愿非常强烈。中国在长吉图地区设立自贸区，将会很好地对接中日韩自贸区和中俄朝蒙跨境合作区建设，以此为平台掌控东北亚和平发展大局，维护中国在东北亚的利益和国家安全。

3. 推动吉林省新一轮振兴的必经之路

自2013年起，东北地区经济发展遭遇断崖式下跌，在中国经济板块中，包括吉林省在内的东北三省经济发展速度处于垫底的位置，东北振兴面临严峻考验。党和国家高度重视东北经济问题,先后出台多项政策、制度及规划推动东北经济新一轮振兴发展。2016年2月,中共中央、国务院出台了《关于全面振兴东北地区等老工业基地的若干意见》,标志着新一轮东北振兴全面启动实施。此后,国家发展改革委等部门又先后出台了《推进东北地区等老工业基地振兴三年滚动实施方案》《关于深入推进实施新一轮东北振兴战略,加快推动东北地区经济企稳向好若干重要举措的意见》以及《东北振兴"十三五"规划》。系列文件的出台为新一轮的东北振兴发展提供了新的方向指引,其中,以开放促发展成为东北再振兴的关键举措。

东北地区经济发展滞后除了受到经济新常态、"三期叠加"的大环境因素影响外,东北地区自身发展动力匮乏、经济结构和产业结构固化加大了改革的难度。东北地区深化改革必须在强化内生发展动力的同时,借助外生动力,以内外合力推动自身发展。因此,积极扩大对外开放,以开放促改革,是东北深化改革加快振兴的必然出路。长期以来,吉林省在对外开放上受制于政治、经济区位影响,发展严重滞后,远远跟不上沿海地区的开放步伐,甚至与东北地区的其他省份相比,也是较为薄弱的地区。对外开放发展滞后成为吉林省改革迟缓、经济振兴不力的主要原因之一。要推进吉林省改革开放和经济振兴,就必须设立自由贸易试验区,倒逼体制机制改革,全面推动结构调整,打造提升吉林省发展整体竞争力和对外开放水平的新引擎。

二 设立中国吉林自由贸易试验区的可行性

1. 中国自由贸易试验区进一步扩容的可能性分析

根据目前的政治经济形势及自贸区政策分析,自由贸易试验区再度扩容的可能性非常大,主要有以下三个依据。

首先,自贸区扩容是经济新常态下结构转型和动力转换的客观需要。当前,我国宏观经济运行呈现缓中趋稳态势,但仍面临着经济下行的极大压力。经济增长正处于"三期叠加"阶段，劳动力供给、资源环境成本、技术追赶空间和外部市场需求等因素都在发生变化，一些行业面临产能过剩的困扰，金融体系动荡幅度加大，风险加剧。这要求我们着力供给侧结构性改革，转变经济增长方式，调整经济增长结构，培育经济发展的新动能，同时，深入推动高水平全方位对外开放，以开放促改革、促创新、促发展。只有通过内部改革，外部开放，内外生动力共同起作用，不断扩大对外开放的深度和广度，才能增强经济发展的动力和活力。

其次，自贸区扩容是新常态下区域协调发展战略的客观需要。进入新时期，中国已经改变了改革开放初期的非均衡增长战略思路，积极推进区域协调发展。如果自由贸易试验区只在沿海及内地少数地区推进，将会出现新一轮地区发展不平衡局面，将使中国近年来推进区域经济协调发展的努力付之东流，中国经济社会的协调发展和实现小康社会目标将面临严峻挑战。因此，基于当前中国区域协调发展的思路，更基于对当前自由贸易试验区发展趋势的判断，在未来中国将设立更多自由贸易试验区分布在东、中、西部不同发展水平的区域，目的是通过集中政策资源和项目资金的投入，加快培育壮大一批区域经济增长极，发挥对周边区域的辐射带动和引领示范作用，并且通过开放的自由竞争的市场化体制机制建立，可以促进要素自由流动，发挥区域间的协同效应，促进区域经济增长的协调性。

最后，政策环境培育及政策试点试验的客观需要。国家政策环境的培育和形成，是一项复杂的系统性工程，需要多方努力、多层次、多角度构建政策体系，形成协同合力。同时，政策试点试验的方法、类型也是复杂多样的，其演进过程也存在巨大的差异性，需要依据政策环境的变化及政策试点的差异因时、因地制宜探索提炼符合实际的共性及特性经验进行推广适用。目前中国正在着力培育开发开放的政策环境，加快推进"一带一路"建设，东北再振兴、长江经济带、南海开发等区域发展战略也加紧推进，这些重大国家战略都需要相应的开放政策支撑，需要以自由贸易试验区先行试点，形成可复制、可推广的改革开放经验，这也客观上要求增加试点样本的多样性以总结普适性，因此，自由贸易试验区扩容势在必行。

2. 吉林具有建设自贸试验区的区位优势和历史基础

吉林省地处东北亚几何中心地区，珲春更是位于中、俄、朝三国交界处，是东北地区唯一的同时对俄、对朝开放口岸，东南与俄罗斯滨海边疆哈桑区接壤，西南与朝鲜罗津—先锋自由经济贸易区和咸境北道相邻，隔日本海与韩、日相望，与波谢特、海参崴、罗津等众多俄罗斯和朝鲜的港口相对，距图们江出海口仅15公里，是东北亚各国与欧美对接的最便捷、直接的通道。从"一带一路"北线建设视角来看，以珲春为核心，向东通过俄罗斯扎鲁比诺港和朝鲜罗津港进入日本海，向西连接蒙古国乔巴山霍特段铁路及俄罗斯西伯利亚大铁路，实现与俄罗斯跨欧亚大铁路和蒙古国草原之路对接，形成新的亚欧大陆桥，可构建连接东北亚各国的国际大通道，具有非常突出的国际性和区域性价值，对于中国图们江地区合作开发以及"一带一路"北线发展格局构建具有重要战略意义。

吉林省可以向东同时陆地连接俄朝，隔海通达日韩，向西连接俄罗斯和蒙古国，是我国面向东北亚开放的综合性窗口和交通枢纽，也是开展多边区域经济合作的最佳区域。且从中蒙俄大通道建设视角来看，以珲春地区为枢纽，通过长吉图战略的"东进西连"，以及与哈长城市群、东北东部经济带等跨区域互动，构建中蒙俄经济走廊，形成东北亚地区新的"一带一路"建设合作区域，有助于深化东北亚区域合作，扩大图们江国际合作的辐射范围。

从国际合作基础上看，珲春自唐代渤海国时期以来就是东北亚丝绸之路的重要枢纽，至今对东北亚地区的物质文化交流仍发挥着至关重要的作用。1991年，联合国开发计划署（UNDP）倡导国际合作开发图们江三角洲，珲春市成为图们江开发的核心城市。1995年，中、俄、朝三国以及中、俄、朝、韩、蒙五国针对图们江地区的国际合作问题签署了三个合作的框架性文件，使得图们江地区的合作开发进入了实际操作阶段。2005年9月，各国代表通过签署《成员国关于大图们倡议的长春协定》延长了1995年的合作框架文件，并扩大了合作区范围成为大图们区域（GTR），将合作的框架名称从图们江地区开发项目（TRADP）变成大图们倡议（GTI）。目前，大图们倡议已组织16次部长级会议，正处在向独立国际组织法律过渡的关键时期，务实合作也步入加快发展的黄金时期，为大图们地区繁荣发展注入了更大动力。与辽宁省和黑龙江省相比，吉林省拥有发展二十年之久的制度化、机制化的国际合作组织，具备在东北亚地区的组织凝聚力，是吉林省开放合作，设立自贸试验区的优势所在。

从国内开放基础上看，1992年珲春成为我国首批对外开放的沿边口岸，2000年珲春设立出口加工区。2009年《中国图们江区域合作开发规划纲要——以长吉图为开发开放先导区》获批上升为国家战略，2012年4月"中国图们江区域（珲春）国际合作示范区"获批成立，在整合原有的边境经济合作区、出口加工区和中俄互市贸易区的基础上形成国际产业合作区、边境贸易合作区、中朝以及中俄珲春经济合作区四大板块，是东北地区唯一的国字号国际合作示范区，享有国家的多项优惠政策，在探索东北沿边地区开发开放模式上具有先行先试的示范作用。因此，长吉图地区一直是国家对外开放布局的战略重点，具有设立自由贸易试验区的深厚历史基础。

3. 吉林具有设立自由贸易试验区的现实条件

一方面，吉林省设立自贸区具有高端开放平台支持。目前，国家已经在长吉图区域设立了珲春出口加工区、兴隆综合保税区和吉林市保税物流中心三个海关特殊监管区。这三个海关特殊监管区均已进入相对良好成熟的运行状态，可以在现有运行基础上继续整合升级成为自由贸易片区。伴随着长吉图高铁的开通，三个海关特殊监管区将紧密连接起来。此外，吉林省还有长春新区、长吉产业创新发展示范、延龙图新区、中新食品区、东北亚博览会等高端开放平台，把这些平台加以整合，扩展其开放功能，建设自贸区将水到渠成。

另一方面，吉林省设立自贸区具有雄厚的产业支撑。吉林省汽车、石化、农产品加工等支柱产业基础雄厚，装备制造、医药、光电子、新能源、新材料等新兴产业发展迅速，主导产业和优势产业已经初步形成产业集群优势，为自贸区建设提供了雄厚的产业支撑。其中，汽车产业是吉林省的龙头产业，2016年，吉林省汽车整车实现产销254万辆和247.6万辆，分别比2011年增长55.6%和48.5%，年均增长9.3%和8.2%；全省汽车产业实现产值6153.2亿元，占全省工业总产值的25%，比2011年净增加1634亿元，年均增长6.4%；汽车零部件亦实现产值1895.5亿元，5年年均增长7.8%。汽车产业也是国际化程度较高的产业，吉林省汽车产业大多是中外合资企业，零部件供应多国际市场依赖性较强，已经融入国际产业链中。中国加入WTO的产业保护期结束后，吉林省汽车产业国际化将进一步加强，对自贸区具有强烈的需求。石化产业是吉林省的传统优势产业，2016年，吉林省石化产业实现工业增加值635.76亿元，在面临产业结构调整、转型发展的关键时期，作为吉林省重要支柱的石化产业，积极推进供给侧结构性改革，产业结构优化升级，成为吉林省经济建设和改革的有力支撑。2017年7月颁布的《吉林省石化产业转型升级实施方案》为石化产业的发展确立了新的发展路径。从立足区域的角度，可以与东北亚各国进行合理的资源与产业互补，占据石化产业链的高端链条，对于自贸区的设立亦有强烈需求。农产品加工工业近年来发展迅猛，已成为吉林省的第二大支柱产业，2016年，仅长春市农产品加工业即实现产值2080亿元，构建起玉米、水稻、大豆、生猪、肉牛、肉鸡、肉鹅、肉兔等农产品加工体系。吉林省发展农产品加工业注重项目建设，突出工业集中区建设，促进农产品加工业集群化发展，推动产业升级。长春等城市正在向世界级农产品加工基地大步迈进。此外，近年来吉林省的新兴战略性产业发展迅速，很多产业也日渐走上国际舞台。以轨道客车制造为龙头的装备制造业已经成为中国"走出去"的代表性产业部门，中韩自贸区协定生效后，吉林省食品类产品的进出口需求也将迅速扩大。吉林自贸区建设对于吉林省主导产业和优势产业的对外开放和国际化具有重要意义。

三　吉林自由贸易试验区建设的备选方案及优劣分析

吉林自由贸易试验区建设从选址范围上看，可有以下两个备选方案。

一是以"中国图们江区域（珲春）国际合作示范区"为基础，建设中国图们江自由贸易试验区。该方案的优势体现在区域连片集中，可以整合原有的边境经济合作区、出口加工区和中俄互市贸易区，形成一个便于封闭管理的区域。缺点是珲春作为边境县域城市，经济体量和辐射范围均非常弱小，邻接的朝俄边境地区没有完全开放，区域产业基础薄弱，内外产业关联程度不高，对外通道不通畅，对外开放带动性不强，难以代表全省承载自贸区试验。

二是以长吉图先导区为基础，整合建设中国吉林自由贸易试验区。长吉图开发开放先导区由国务院于2009年批准设立。先导区主要范围是中国图们江区域的核心地区，即吉林省范围内的长春市、吉林市部分区域（长春市部分区域是指长春市城区、德惠市、九台区和农安县；吉林市部分区域是指吉林市城区、蛟河市和永吉县）和延边州的珲春市（简称长吉图），总面积约3万平方公里，人口约770万人。这一区域面积和人口均占吉林省的1/3，经济总量占1/2，是中国参与图们江区域合作开发的核心地区和重要支撑。可依托该区域近年来的经济社会发展基础，和对外开放战略优势，由长春、吉林和珲春市的综合保税区、保税物流园区、出口加工区、边境经济合作区、开发区等特殊功能区升级整合，建设吉林自由贸易试验区。

该方案的优势体现在有长吉图先导区国家战略支撑，长吉地区产业基础雄厚，有汽车、轨道客车等国际化产业支撑，有兴隆综合保税区、吉林保税物流中心、珲春出口加工区三个海关特殊监管区的平台，有长吉图高铁和高速公路连接，全方位的对外开放通道更加通达便利，"一带一路"北线的枢纽作用更加突出。缺点是三个海关特殊监管区域距离较远，不易于封闭管理，三个海关监管区的联动机制尚未构建，长吉图区域整合比较困难。

从目前国务院印发的其他省市自由贸易试验区总体方案来看，大多采用类似于方案二的区域整合的模式。如最早设立的上海自贸区就是在整合上海外高桥保税区、上海外高桥保税物流园区、洋山保税港区和上海浦东机场综合保税区基础上形成的，并在随后的自贸区扩容中将范围扩大到120.72平方公里，除了涵盖上述四个海关特殊监管区域（28.78平方公里）还包括陆家嘴金融片区（34.26平方公里）、金桥开发片区（20.48平方公里外）以及张江高科技片区（37.2平方公里）。

中国（广东）自由贸易试验区总面积116.2平方公里，主要涵盖广州南沙新区片区、深圳前海蛇口片区以及珠海横琴新区片区。

中国（天津）自由贸易试验区位于天津滨海新区内，总面积

119.9平方公里，涵盖天津港片区、天津机场片区、滨海新区中心商务片区。

福建自由贸易试验区的三个园区分别位于福州、厦门和平潭综合实验区，总计面积达118.04平方公里。

中国（浙江）自由贸易试验区实施范围119.95平方公里，由陆域和相关海洋锚地组成，涵盖三个片区：舟山离岛片区78.98平方公里（含舟山港综合保税区区块二3.02平方公里）；舟山岛北部片区15.62平方公里（含舟山港综合保税区区块一2.83平方公里）；舟山岛南部片区25.35平方公里。

中国（河南）自由贸易试验区实施范围119.77平方公里，涵盖三个片区：郑州片区73.17平方公里（含河南郑州出口加工区A区0.89平方公里、河南保税物流中心0.41平方公里）；开封片区19.94平方公里；洛阳片区26.66平方公里。

中国（湖北）自由贸易试验区实施范围119.96平方公里，涵盖三个片区：武汉片区70平方公里（含武汉东湖综合保税区5.41平方公里）；襄阳片区21.99平方公里（含襄阳保税物流中心〔B型〕0.281平方公里）；宜昌片区27.97平方公里。中国（重庆）自由贸易试验区实施范围119.98平方公里，涵盖3个片区：两江片区66.29平方公里（含重庆两路寸滩保税港区8.37平方公里）；西永片区22.81平方公里（含重庆西永综合保税区8.8平方公里、重庆铁路保税物流中心〔B型〕0.15平方公里）；果园港片区30.88平方公里。

中国（四川）自由贸易试验区实施范围119.99平方公里，涵盖三个片区：成都天府新区片区90.32平方公里（含成都高新综合保税区区块四〔双流园区〕4平方公里、成都空港保税物流中心〔B型〕0.09平方公里）；成都青白江铁路港片区9.68平方公里（含成都铁路保税物流中心〔B型〕0.18平方公里）；川南临港片区19.99平方公里（含泸州港保税物流中心〔B型〕0.21平方公里）。

中国（陕西）自由贸易试验区实施范围119.95平方公里，涵盖三个片区：中心片区87.76平方公里（含陕西西安出口加工区A区0.75平方公里、B区0.79平方公里，西安高新综合保税区3.64平方公里和陕西西咸保税物流中心〔B型〕0.36平方公里）；西安国际港务区片区26.43平方公里（含西安综合保税区6.17平方公里）；杨凌示范区片区5.76平方公里。

中国（辽宁）自由贸易试验区实施范围119.9平方公里，涵盖三个片区：大连片区59.96平方公里（含大连保税区1.25平方公里、大连出口加工区2.95平方公里、大连大窑湾保税港区6.88平方公里）；沈阳片区29.97平方公里；营口片区29.96平方公里。

从上述自贸区建设模式和方案来看，大多采取区域整合的方式打包申报。因此，采取由长吉图三个海关特殊监管区域（长春兴隆综合保税区、吉林保税物流中心、珲春出口加工区）构成的三大片区——珲春片区、长春片区和吉林片区打包的方案来建设自贸区较为合理，并在自贸区试点功能完善的基础上，适时考虑纳入更多开放平台整合建设。

四 吉林自由贸易试验区建设的推进方向

1. 以完善通道及开放平台建设推动自贸区整合

为了解决长吉图自贸区空间距离较远、联动不足等问题，吉林省在自贸区建设规划中应将重点放到推动基础设施互联互通、产业园区互联互通、管理制度互联互通上，加快推进长吉图区域整合。

短期内可以率先整合长春兴隆综合保税区、珲春出口加工区和吉林保税物流中心三个海关特殊监管区，实行三区通关一体化，探索以贸易便利化为主要内容的制度创新，开展保税加工、保税物流以及保税服务等业务，为三区联合升级为中国吉林自由贸易试验区打下良好基础。

中长期可通过与长春、吉林、珲春三大片区内的长春新区、长吉产业创新发展示范区、中新吉林食品区、珲春国际合作示范区、国家级经济技术开发区、国家级高新技术产业开发区等特殊功能区互动整合，融合发展，壮大自由贸易试验区，推广试验成果。

为解决自贸区通道联而不动、产业关联程度不深、腹地支撑不足等问题，建议吉林省以城市化、城市群建设推动珲春、长春、吉林等沿线节点城市释放辐射扩散效应，全面推进长吉北线、长吉中线、长吉南线三条产业带建设，促进汽车、石化和其他产业之间的整合，加快形成长吉经济圈，提高长吉腹地的支撑作用。同时，要与外交部、中联部、商务部、文化部、海关总署等部委加强协调，融入"一带一路"建设，特别是推动形成"港口后移、就地办单、海铁联运、公铁联运、无缝对接"的跨国物流、内贸外运的新模式，全面构建东西贯通、南北纵横、衔接顺畅、高效一体的东北亚国际物流运输网络，形成吉林省对外开放的内陆港口和长吉图区域重要的物流枢纽。

在促进投资贸易便利化方面，建议借鉴国务院出台的《自由贸易试验区外商投资准入特别管理措施（负面清单）》，试验编制吉林省投融资负面清单。试验在珲春示范区和兴隆综合保税区开放外资银行和金融机构的进入限制，改革外汇管理体制，建设吉林省外币交易和人民币结算中心。

2. 进一步推动图们江区域合作机制转型升级

从国家层面推动建立政府间首脑、对应部门和地区间经常性协调机制，将推进长吉图开发开放先导区建设与东北亚合作开发工作制度化和长期化。着重提升东北亚各国协调机制层次，在目前副部长级会晤机制基础上，尽快启动副总理级别的定期会晤机制。探索建立东北亚地方首脑会议联络处和图们江区域合作开发办事机构。

争取联合国开发计划署以及亚洲基础设施投资银行的支持，积极倡议协调周边国家设立东北亚国际合作发展基金。推动大图们倡议（GTI）作为东北亚地区合作开发协调机制向独立国际组织过渡，加快推进各领域建立务实合作机制。充实完善大图们倡议合作框架的功能，为东北亚"一带一路"沿线国家和地区创造安全有序的合作环境和经济协调平台。

加强区域国际合作平台建设．在提升产能的基础上，推动东北亚门户开放，并积极参与东北亚区域合作，搭建农业、环保、能源、交通、经贸、文化、科技等各种合作平台，多方位切实推进东北亚区域合作，将长吉图区域打造成为东北亚区域开放合作的战略高地。继续高规格举办中国·东北亚投资贸易博览会。把东博会办成东北亚各国进行外交活动的舞台，开展经贸活动的重要平台，展现形象的重要窗口，不断提高展会水平，进一步推进吉林与图们江区域国家共建农业、机械加工、能源、资源、旅游和劳务等合作机制。探索举办"泛东北亚地区经济合作论坛"，打造官、商、产、学、研、媒"六位一体"的综合性论坛，吸引更多的专家、学者、国家知名企业家参会，进一步提升东博会的影响力。

第六章　中国开发区与城市良性互动的发展战略

开发区与城市的互动发展将是未来一段时间内，我国开发区和城市可持续发展的重要方式，也是推动我国新型工业化和城镇化的重要手段。为实现区域产业结构的优化升级、城镇空间结构优化以及区域经济的可持续发展，应在尊重开发区与城市互动发展规律的基础上，结合实际，因地制宜，选择适合开发区与城市互动发展的正确道路，采用合理的政策措施和手段推动开发区与城市的良性互动。

第一节　开发区与城市互动发展的发展道路探析

受区位条件、资源要素禀赋、空间特征以及经济发展水平等差异影响，开发区与城市的互动方式和发展方向存在着异同。依据不同情形，本书认为，开发区与城市的互动发展道路可分为以产城融合构建城市新区、开发区群落整合与城市互补以及开发区群落与城市群落跨区域联动三类。

一　以产城融合构建城市新区

就开发区而言，产城融合是开发区发展到一定阶段，实现开发区转型升级,从单一的产业功能区向综合性城区转变的重要途径。尤其在推进"以人为本"的新型城镇化进程中,对于解决开发区单一产业开发导致的职住分离以及城市功能缺失问题具有重要的意义。产城融合强调把产业功能的发展和城市功能的发展看作良性互动的有机体,推动"产"和"城"协同发展,即城市的发展要有产业支撑,而产业的发展需要城市为其提供配套的服务支撑。开发区的产城融合,意味着开发区一方面在特殊功能区发展过程中逐渐完善自己的城市功能,实现制造与服务并行,生产与生活匹配;另一方面作为城市体系中的重要功能分区,通过与城市的产业关联、设施共享、交通互联,实现与母城及周边区域的互动融合。因而,开发区的产城融合是内外部因素共同作用的结果。

产城融合遵循开发区与城市互动发展规律,并依据开发区与母城的空间位置不同呈现出各异的空间发展形势。近郊型开发区与城市的产城融合,可在开发区形成过程即与城市共享基础设施和公共服务,并随着城市发展空间扩张,与城市中心区融合一体,成为城市的功能分区或综合服务组团。边缘型的开发区,往往位于城乡接合地带,地价相对低廉,与母城交通联系便利,通勤成本较低,便于利用母城的基础设施和公共服务,降低对开发区基础设施建设的投入成本,同时,位于城乡接合部的有利位置,可以兼顾城乡两个市场、两种资源,带动城市周边发展,推动公共服务均等化和乡镇产业发展,实现与乡镇和城市的融合,实现城乡一体化。远郊型的开发区在建设初期往往远离城市,独立建设,需要政府、企业等投入大量的人力物力进行前期基础设施和配套服务建设,随着开发区内产业发展,吸引人口、物流在区内集聚,并不断完善公共服务,推动外来人口本地化,形成新城或新区,推动开发区向综合型新城或乡镇转变,随着新城新区的不断壮大,逐渐加大与周围城市的联系,形成卫星城市或都市圈内的中小城市。

产城融合是近年来我国新型工业化和城镇化建设中的热点问题，有利于避免开发区和城市发展过程中的城市功能缺失、产业空心化等问题，是推动开发区与城市良性互动的一种有效途径。但产城融合是实践中的产物，目前仍处于探索发展阶段，对于不同类型或不同发展阶段的开发区与城市互动发展的适应性有待于进一步的考量。

二 开发区群落整合与城市互补

目前，我国开发区数量众多，各省份均设有各种类型和级别的开发区，部分大中型城市同时设有多个开发区。从空间布局来看，不同种类和级别的开发区开始从最初的散点式分布向在核心经济区集聚的态势，形成职能类型各异，相对独立发展又联系密切的开发区群落，中国的开发区逐渐从个体发展向群落综合协调发展转变。

与产业集群类似，开发区群落的形成和发展，一方面可以通过集聚效应和规模经济效应，形成产业关联和知识溢出，辐射带动区域经济发展；另一方面同质开发区的过度竞争，易造成产业同构、资源、土地浪费等问题，削弱区域经济的整体效益。因此，对于开发区集聚地区进行合理调控和整合，有利于推动开发区之间形成有机整体，各司其职，与核心城市形成经济关联、优势互补的城镇体系。

通过开发区群落的整合，可以形成功能类型多样，沟通联系便捷，具有相对完整的产业链条、价值链条以及核心竞争优势的有机整体。以整体性的规模优势和优化结构，参与到与周边城镇的互动融合，带动新城开发及旧城改造，推动城市经济的发展、资源配置的优化以及城市空间的扩张。[①]

[①] 王兴平、许景：《中国城市开发区群的发展与演化——以南京为例》，《城市规划》2008 年第 3 期。

目前，开发区群落整合与城市互补的方式已被很多特大型、大中型城市所属的开发区采用，如广州开发区、天津开发区等，通过各类开发区的功能整合、行政区划整合等形成新区或新城，融入大都市区或综合改革试验区建设中，形成都市功能的有力补充。

三　开发区群落与城市群落跨区域联动

城市群建设工业化和城镇化建设发展到高级阶段的产物，在中国的新型城镇化建设战略中居于主导地位，是未来中国城镇化建设的主体形态，是提高中国城市竞争力以及参与国际分工与合作的重要地域单元。城市群的产生打破了传统的行政区划界线，吸引人口、资源、要素等向城市密集区集聚，使得城市群成为中国经济发展最活跃、最具潜力的核心地区，在生产力布局中发挥着战略支撑的作用，是区域经济发展的增长极。自20世纪90年代起，中国形成珠三角、长三角、京津冀三大城市群，目前三大城市群落成为中国经济发展最快的地区，经济规模占全国经济总量的比重越来越大，成为引领中国经济发展的重要引擎。面向未来，中国将在东部、中部、西部和东北四大板块打造32个城市群，加大城市群中城市的分工与合作，吸引人口向城市群集聚。

开发区群落作为城市和城市群中的重要单元，城市经济发展的增长极，在城市群的形成发展中发挥着重要的引领作用。以开发区整合形成的开发区群落可以有效地吸引资本、人才、技术集聚，开发区间的互动联系可以构建完整的上、中、下游产业链，通过科技创新与研发以及制度管理、运营方式等方面的创新，打造区域创新示范区或创新园区链，在改革与开放等重点领域的探索可以强化对周边城市的辐射示范作用。通过开发区群落与城市群落的跨区域联动可以有效地促进城市群体系的形成和完善，并在国家统筹区域发展战略中发挥协调和推动作用，如中关村国家自主创新示范区，天津滨海国家自主创新示范区等开发区群落，在京津冀城市群协同发展过程中发挥协同创新能力，跨区域打造协同创新共同体，推动京津冀城市群成为国家的科技创新中心；上海自贸区通过整合外高桥保税区等4个海关特殊监管区，进行扩大开放和深化改革的实验，在国家对外开放和"一带一路"以及长江经济带建设中发挥示范、辐射、带动作用等。

第二节　推动开发区与城市良性互动政策建议

开发区与城市通过各种形式的互动发展，推动了区域的工业化和城镇化进程。通过前文对两者互动发展的理论分析和实践探讨，可以得到以下政策启示。产业集群的发展可以提升工业化和城镇化的进程和质量，决定着开发区的发展壮大，在开发区的形成和发展过程中具有至关重要的作用。在与城市的互动过程中，集群效应加强了开发区和城市产业上、中、下游产业链间的联系，影响着两者互动关系的形成和演进；创新驱动是继政策驱动、要素驱动之后，推动开发区和城市转型升级的新动力，也是推动区域经济内生发展的根本动力，政府、企业、个人都可成为创新创业的主体，通过科技研发、产业组织、管理制度等方面的创新可以为区域产业发展、结构升级、机制完善等提供内源动力；第三产业的发展是优化区域产业结构，推动城镇化发展的必要条件，第三产业发展可以提供更多的就业岗位，吸引城镇人口、农业剩余人口以及外来人口于开发区或城市聚集，生产性和生活性服务业的发展又为开发区和城市的生产、生活拓展提供助力；基础设施和配套服务的完善，可以提供良好的生产、生活条件，推动开发区产业发展和城市功能完善，交通等基础设施的衔接，为开发区与城市的互动奠定基础；体制机制的建立、完善和创新，为开发区与城市的互动发展消除了制度桎桔，激活区域经济发展。

目前，中国的开发区和城市的互动发展虽取得了一定的成绩，但仍处于不断探索和发展的阶段，为实现中国新型工业化和城镇化的建设目标，推动改革与开放战略的顺利实施，结合理论建设和实践建设经验，本节尝试为开发区与城市的良性互动提出以下政策建议。

一 打造新兴、特色产业集群，提升区域竞争力

产业集群的形成发展关乎区域产业体系的建立和优化，关乎区域经济的发展方向以及区域持久强劲的竞争优势。经过改革开放四十多年的建设，中国的产业集聚发展迅猛，形成了一大批地方产业集群，随着国内国外政治经济形势的变化，尤其在后金融危机时代以及中国经济发展进入新常态，传统产业集群受到冲击严重，迫切需要通过产业转型升级，提高区域产业集群的竞争力，来更好地参与到国际分工与合作中去，提高区域竞争力。而针对开发区与城市的互动发展，传统粗放的集群发展模式造成了产业同构、产能过剩、土地闲置、资源浪费等问题。因此，针对开发区与城市的良性互动的产业发展问题上，应当重视产业的优化升级，尤其要重视地方特色产业集群、高新技术产业集群、战略性新兴产业集群的构建和形成发展。

在构建地方产业体系时，应发挥地区优势和区域特色，依据主导产业和区域发展方向，因地制宜，选择具有区域竞争优势的产业发展产业集群。针对东、中、西、东北部四大板块发展战略规划和产业梯度，调整各产业集群的发展方向。东部沿海地区应充分考虑受资源环境限制以及劳动力、土地等要素成本上升等因素的影响，加快推动产业由劳动密集型向资本、技术密集型产业转变，推动传统产业向中西部地区以及丝绸之路经济带沿线地区转移，实现生产

性集群向科技创新型集群转变，提高产业集群的国际竞争力。中西部地区应依据自身资源要素禀赋和区位条件，承接东部地区的产业梯度转移，利用资源要素充沛和劳动力丰富的优势，发展资源密集型和劳动密集型产业集群，推动产业链向上下游延伸，提高资源深加工程度和产品的附加值，并依据自身特色发展特色产业集群，如边境地区或丝路沿线地区可以利用区位优势发展境内、境外工业园区，打造出口加工产业集群，利用国内国外两种资源、两个市场，发挥比较优势，实现产业互补。东北地区应利用东北老工业基地装备制造业、农副产品加工业、石化产业等传统工业基础，推动传统产业改造升级，发展战略性新兴产业以及市场升级性产业，延伸产业链条，打造优势产业集群。

培育壮大地方性产业集群时，要因地制宜，注重开发区与城市的协同性，培育与城镇经济相配套的，可充分利用本地资源、技术、劳动力的，具备一定发展基础和比较优势的特色产业集群，避免不同区域的产业同构和重复建设现象，优化开发区与城市之间的产业布局。逐步加大对传统产业集群的改造提升力度，大力发展新兴、高技术产业集群，发挥开发区内产业集群的辐射带动作用，利用产业链和价值链的上、中、下游延伸，形成与母城和周边城镇的联动互补效应。推动主导产业集群做大做强的同时，推动形成区域特色品牌，以品牌效应吸引更多的要素向开发区和城镇区域集聚，拓宽现有集群发展空间。在规范整合产业集群的同时，加大集群的产业关联，通过企业和产业的技术、管理、制度等创新，实现产业链的延伸和更大范围的产业集聚，利用核心产业集群的增长极效应，带动相互关联的产业集群发展，推动新的集群产生壮大，构成产业集群链，进而形成园区链，推动开发区与城市构成相互关联的有机整体。

二 实施创新驱动战略，建立区域创新体系

创新是驱动开发区与城市互动的重要动力因子，尤其在国际竞争日趋激烈，中国经济发展进入新常态的形势下，通过实施创新驱动战略，建立完善的区域创新体系，有利于提升开发区和城市的综合竞争实力，为开发区和城市的发展提供不竭动力。实施创新驱动战略，应树立和强化自主创新意识，以开发区和城市作为创新载体，通过整合科研、技术、市场、公共服务等资源，提升开发区和城市的创新能力，构建区域创新体系。

完善产学研结合的区域技术创新体系。通过整合开发区与城市的科技资源，推动政府、企业、科研机构多方共建产学研协同的创新机制，提高科技研发以及科研成果产业化。依托城市及开发区内高校及科研机构的技术创新优势，利用企业在科技研发和成果转化过程中的主体地位，借助政府对于科技创新的财政、税收、金融等政策支撑，共建产学研综合体和高新技术研发平台。鼓励高校、政府、企业等共建高水平科研机构、研发中心，或针对重大科研项目进行联合攻关，通过资金、技术、人才等层面的交流合作，推动科技资源共享，降低研发成本，提高创新效率。推动开发区及城市内的创新公共服务平台建设以及科研基础设施建设，加快以创新为核心的综合服务体系建设，建立金融、物流以及孵化器等配套性的生产生活服务支持，增强开发区及城市的集聚创新功能。

建立产业结构创新体系。加强对开发区和城市内产业的规划设计，结合实际，优化对劳动力、技术、信息等要素的配置，加强开发区与城市之间的创新分工与合作。推动区域产业结构的优化升级，在现有产业集群的基础上，加大高新技术和战略性新兴产业比重，孵化、培育新业态产业和高新技术产业，推动产业结构合理化和高级化。借助开发区对外开放平台，加大与国外先进企业和机构

的合作交流，引进前沿高科技企业，学习国外企业的先进技术和管理经验，推动本地企业技术进步，效率提高，产业升级。

完善创新管理体系。从功能和资源整合入手，完善创新管理体制机制。加强企业内部的管理创新，优化公司治理模式和组织方式，用先进的管理手段，推动企业提高劳动生产率，推动技术进步。政府部门加大对创新行为的管理推动，通过科学合理规划以及利益驱动机制，推动企业、行业、地区的创新，鼓励对科技研发和创新作出贡献的企业和个人获得创新收益，建立公平合理的价格机制、用人机制和利益分配机制，激发企业和个人的科研热情。加快发展以技术咨询、法律援助、信息服务、技术评估等为代表的创新中介服务机构或组织，提高开发区和城市的创新公共服务水平。完善政策法规，加大对知识产权的保护力度，为创新行为提供法律保障。

三　大力发展第三产业，构建现代服务业体系

第三产业的发展可以完善开发区内的配套性生产生活服务，完善开发区城市功能，推动开发区产业结构的优化，同时提供更多就业岗位，吸引人口流动，推动了城镇化建设。通过第三产业的发展，现代物流、信息服务、总部经济等新兴服务业态的兴起，可以更加有效地推动开发区与城市间的要素流动，完善两者的产业功能和城市功能衔接，优化区域产业结构，推动开发区和城市产业结构的合理化和高级化。因此，在推动开发区与城市良性互动过程中要特别重视第三产业的发展，构建符合开发区和城市生产生活需求的现代服务业体系。

构建现代商贸物流体系，建立内外联动、通畅便捷的物联网络，推动商品贸易，人流、物流在区域内自由流动，降低开发区与城市互动成本，提高资源利用效率。推动发达地区城市和开发区发

展总部经济,利用总部经济强劲的产业关联和集聚带动效应,增加开发区与城市的互动融合,辐射带动周边地区发展。借助"互联网+"和"物联网"建设,大力发展电子商务,建立扶持具有示范推广意义的电子商务项目,树立信息共享和品牌意识,依托电子商务平台,推动开发区和城市的特色产业发展。利用旅游休闲业对食、宿、行、购、游、娱等相关产业的巨大带动效应,推动旅游休闲业的发展,尤其对于旅游度假区、跨境旅游合作区等以旅游产业作为开发区主导产业的地区,应充分利用旅游业的带动效应,树立"大旅游业"概念,通过旅游产业的发展,不断开发形成区域旅游品牌和精品线路,带动周边地区的旅游相关产业形成产业链式经营,实现与城市和区域的良性互动,针对跨境旅游合作区,以与周边国家的旅游合作为突破口,推动向其他领域的深化合作,实现区域外向型经济的发展。通过发展金融创新服务业、科技研发服务业、交易中心与会展业、信息服务业等生产性服务业,为区域开发区和城市提供良好的配套服务,推动区域产业结构的优化升级,提高区域产业竞争力。通过发展房地产业、养老健康业、教育文化业等生活性服务业,提升开发区和城市居民的生活品质,推动开发区与城市的良性互动。

四 完善基础设施建设和配套服务,提升城市功能

基础设施建设和配套服务建设是开发区和城市发展的必要条件。优越的基础设施建设和完备的公共服务,可以为城市和开发区的发展提供环境支撑,吸引企业入驻、人口流入。完善开发区与城市的交通基础设施建设,可以提高开发区与城市及周边区域的通达性和便利性。完善交通基础设施建设,构建道路交通运输网络体系,消除商品和要素的流动障碍,打破开发区与城市间的"孤岛效应"。在充分考虑各种运输方式协调配合的前提下,加强道路交通

运输网络的规划设计，通过跨地区跨部门的沟通合作，实现交通资源的共建共享，形成覆盖城乡、沟通都市的区域城市路网体系。针对承担更多对外开放任务的沿海、沿边地区，加强城市与开发区的对外通道建设，建立覆盖海、陆、空的立体化对外交通通道，保障对外经贸交流的畅通。完善信息化基础设施和电子商务平台建设，提高信息网络覆盖水平，提升政府的公共信息服务水平，通过电子政务、电子商务、远程教育、远程医疗等信息化建设，打造数字城市、智慧城市。在完善通信、水电、交通、环保等基础设施硬环境建设，打造良好的投资环境同时，要注重对创新创业软环境的塑造，通过提升相关职能部门的服务品质，通过各类优惠政策及公共服务平台建设，吸引企业、人才等要素在区域内流动。通过发展科技创新中介机构、创业孵化器、众创空间、科技创新研发平台、新兴产业服务平台等公共服务平台建设，推动区域创新创业发展。在生产性基础设施和公共服务建设和完善的同时，加强对生活性基础设施和服务的供给，完善教育、医疗、文化、体育等场馆和机构的建设，推动公共服务供给均等化，在吸引人口向新城新区集聚的同时，完善居民的居住环境，提高生活质量和幸福指数，促进开发区与城市互动融合发展。

五　深化体制机制改革，推动开发区与城市一体化发展

为进一步推动开发区与城市的良性互动发展，应通过深化改革与开放，建立起科学合理的体制机制，对区域的整体发展进行高位规划和协调。

统筹开发区与城市发展，对两者的经济社会发展及空间布局进行科学、合理、统一规划，推动产业规划与城镇规划相结合，在明确开发区与城镇主体功能区定位的基础上，打破行政区划桎梏，以经济发展程度和区域优势为基础，在国土规划、城市规划、交通规划、区域经济社会发展规划等规划体系中统筹规划，加强区域分工与协作，优势互补，推动"产业功能"与"城镇功能"协同，优化开发区与城市布局，实现更大范围内的资源优化配置。通过开发区与城市的统筹规划和发展，逐步建立起要素集聚能力强、就业水平高、土地利用集约、经济效益良好、人口分布合理、产城互动融合的开发区与城市良性运行体系。

完善市场机制建设，消除市场分割和行政区划壁垒，促进人口、资源、资本、信息、技术等生产生活要素跨界自由流动，进而推动要素的空间集聚和扩散，形成完善合理的区域分工与合作机制。在开发区与城市互动过程中，建立起由区域内主体共同参与协商机制，规范市场机制下的经济行为，推进区域经济健康有序发展。通过行政管理制度的改革创新，推动开发区由单纯的经济管理职能向综合性的城市管理职能转变，通过开发区与城市的行政区划整合，管理制度融合，推动开发区向新城新区转型，逐渐与城市实现融合发展。加快户籍管理制度、土地制度、社会保障制度等制度改革，推动土地自由流转、人口自由流动，促进农业剩余人口向开发区和城市转移，促进社会公共服务均等化，实现开发区与城市一体化发展。完善相关法律法规，为政府、企业、个人等区域主体参与市场经济行为提供法律保障。通过制度创新，完善综合决策机制、公众参与机制、监督管理机制，调整完善区域经济发展考核机制，建立开发区与城市协同发展指标体系，监督推动开发区与城市一体化发展。政府健全开发区与城市互动发展的服务体系，包括要素供给服务、基础设施建设、社会信用体系建设、智能化城市系统建设等，通过制度建设，完善城市功能。

针对外向型经济发展的特殊开发区与城市互动，如边境经济合作区、综合保税区、跨境合作区、自由贸易区等，通过更加深化的改革开放试点试验，积极探索创新政府治理方式、市场监管执法体系建设、投资贸易管理方式和运行机制、金融及外汇管理方式等，通过相关开发开放试验区的先行先试，倒逼经济社会管理体制机制改革，推动开发区和城市经济的开放和发展。

六 注重生态环保，打造宜居宜业的生产生活环境

新型城镇化坚持"以人为本""生态优先"的发展理念，在推进开发区与城市良性互动的过程中，更加注重人口、资源和环境的协调发展，将生态文明的思想和原则融入开发区和城市建设过程中，推动生态型新城区建设，大力发展循环经济，推动循环经济示范园区建设，促进城市和开发区向资源节约和环境友好型社会发展。

在开发区与城市的良性互动过程中遵循主体功能区定位，践行精明城市发展理念，对资源土地进行科学合理规划，集约利用土地、资源，在开发区和城市的空间扩张过程中，尽量少占用耕地，留足保护绿色空间。通过统筹规划，形成土地利用集约、要素聚集能力强、人口分布合理、生态环境优美、宜居宜业的开发区与城市空间结构。在开发区与城市的生产生活中，遵循低碳环保理念，按照减量化、再利用、资源化的"3R"原则，大力推进节能减排，加强资源的综合利用，促进废弃物的可回收再利用。转变经济增长方式，大力发展绿色、节能产业，淘汰落后产能，降低单位GDP能耗，发展绿色建筑、环保建筑、生态建筑等，建设生态城区。

高度重视生态环境保护，坚持发展与保护并重的原则。完善城市和开发区的环保基础设施建设，加大对环境污染的治理力度，建立环保目标责任制，严格项目准入制度，严格建设项目环保监管，通过全社会的节能减排，不断改善大气、水、声环境质量。提升开发区与城市的生态服务功能，改善生产生活环境，优化绿地系统，发挥城市绿地的生态效应，创建生态型城区、社区，推动生态型开发区与城市的良性互动。

第七章 结论与展望

第一节 主要结论

当前经济进入后金融危机时代,中国经济发展进入新常态,处于深化结构调整,转变经济增长方式的关键时期,发展新型工业化和城镇化,释放经济发展的内生动力,成为中国政府"保增长,调结构"的重要手段。在这样的国际国内经济发展背景下,开发区与城市作为驱动区域经济发展、提高区域国际竞争力的重要载体,发展成为其不得忽视的重要问题。本书以开发区与城市的互动发展作为研究的结合点和突破口,从理论和实践角度分析两者的演化过程和机理,探讨推动两者互动发展的动力因子和运行机制,从一般到个别,对不同类别的开发区与城市互动的案例进行分析研究,最后结合实际提出推动我国开发区与城市良性互动的发展战略。

一 开发区与城市的互动关系的建立具有阶段性特征

开发区是在一定的社会历史背景下和区域条件下形成和发展的,中国的开发区其形成和发展具有浓厚的中国特色,其脱胎于计划经济框架之下,诞生于改革开放之初,形成于我国工业化和城市化加速发展的特定阶段,是体现四十多年来中国经济社会发展的重要标志，具有深刻的时代烙印。开发区是在经济全球化和新技术革命以及改革开放共同影响下，受区位条件、要素禀赋和政策驱动多重作用下形成的。

随着开发区的建立和发展，其与城市的互动关系也逐渐形成且日趋紧密。依据开发区和城市互动行为的发展特征，可将两者的关系分成分离竞争的互动生成阶段、竞争合作的互动成长阶段以及融合共生的互动成熟阶段。开发区与城市随着各自经济体量的不断壮大，空间的不断扩张，功能的不断完善，逐渐从相互分离、竞争削弱向竞争合作乃至融合共生转化。

二 生态竞合模型适用于开发区与城市的互动机理分析

开发区、城市与生态群落具有一定的相似性，在系统构成、发展特征以及生命周期等方面相类似，因此，本书引入种群生态学中的生态竞合模型，从动态发展的角度分析开发区与城市的形成发展过程及二者的互动关系形成过程。利用一维 Logistic 增长模型来分析开发区与城市个体的形成演化路径，二者的增长遵循 Logistic 增长曲线，共经历起步、成长、成熟和扩张融合四个阶段。利用扩展的 Logistic 模型——二维 Lotka—Volterra 模型来分析动态成长过程中的开发区与城市互动关系的演化机理，针对二者互动关系的三个阶段，分别建立互动关系生成阶段的竞争演化模型、互动关系成长阶段的竞争合作演化模型以及互动关系成熟阶段的合作演化模型。在竞争演化模型的四种情况中，生成期的开发区与城市关系并不稳定，处于一种动态变化的过程，或者单独一方获胜或者继续竞争或者在竞争中形成合作机制；在互动成长期，基于竞争合作演化模型所产生的四种情形仍然体现出双方互动发展的不稳定性，甚至有后向退化的可能性，过度竞争无益于系统整体的均衡协调和持续发展，而在竞争中合作并不断扩大合作效应有利于产生"1 + 1 > 2"

的协同效应，双方均在系统中实现发展能力的扩张，推动了竞合系统向更高阶段演进；互动关系成熟阶段的合作演化模型意味着开发区与城市在资源、人才、技术、资金、市场、信息、公共基础设施等方面存在合作与共享，这些合作与共享实现了双方功能外溢，扩大了各自的经济规模，提高了发展能力和区域整体竞争力，产生了巨大的协同效应。

三 开发区与城市之间存在着互动发展的动力学机制

开发区与城市互动符合复杂巨系统的特征，适用于系统论的观点进行分析。本书引入系统动力学原理和方法，首先对开发区与城市互动发展的动力因子进行分析，认为政府、企业、市场和创新是驱动两者互动发展的必要动力。在明确分析开发区—城市系统的动力因子基础上，构造系统动力学模型，分别建立开发区子系统和城市子系统的因果关系回路，并构造系统流图，为进一步的系统仿真模拟奠定基础。选取开发区与城市的互动典型——广州开发区—城市系统，对两者的互动发展路径和趋势进行仿真分析。系统动力学模型揭示了开发区与城市互动发展的动力机制，一方面，开发区通过政府的直接投资、财政税收优惠政策、完善法律法规、颁布行政计划、推动制度创新行为，企业的投资、技术创新、管理创新行为，市场机制的优化行为等推动开发区发展，经济效益提高，进而辐射带动城市发展；另一方面，城市也从资本扩张和科技创新的角度，通过政府、企业行为推动城市经济的发展，进而在生产和消费需求扩张的情况，推动城市资本向开发区流动，同时，科技创新也驱动开发区与城市增强互动，实现区域经济发展。

四 开发区和城市互动发展方式具有普遍性和多样性的特点

开发区与城市的互动发展方式受区位、类型、经济发展水平等限制具有普遍性和多样性的特点。本书选取了国家级经济技术开发区、国家级高新技术产业开发区和国家级边境合作开发区三类典型：广州开发区、南京高新区和珲春国际合作示范区，来分析开发区与城市及区域的不同互动方式。其中，广州开发区作为最早实现由单一经济功能区向综合性城区转型的经济技术开发区，在发展过程中受到工业化与城镇化的双重作用力，在早期发展中以外资驱动和发展产业集群的方式实现开发区的快速工业化，在向综合性城区转型的过程中主要通过发展第三产业，完善城市功能，加大开发区间的整合力度及与城市的行政区划整合，实现开发区与城市的互动融合。南京高新区作为长三角地区的国家级高新技术开发区，从单纯的科技园区向综合性新城乃至向都市圈和改革新区融合，在与城市互动发展过程中主要受到科技创新与研发、创业资本和人才入驻以及制度创新因素影响，逐渐实现与南京都市圈和江北新区各功能板块的互动融合。珲春国际合作示范区是落实中国沿边地区开发开放战略，参与次区域经济合作的重要示范区，受制于依托边境城市经济体量较小，要素集聚能力弱，产业带动能力不足等影响，合作区发展需要依托更广阔的腹地作为城市支撑，因此采用边境—腹地联动的方式，在整合相关开发区的基础上，实现与长吉地区、延龙图地区的联动，通过长吉战略的实施，以国际合作示范区作为城市发展的主要牵引力，以腹地经济的发展作为合作区的重要支撑，以内外通道建设作为二者互动发展重要保障，以产业联动作为二者互动发展的内在动力，推动边境地区自由贸易的形成，实现对城市和更大范围区域的辐射带动作用。此外，以产业群—开发区群—城市群联动设立自由贸易试验区也将是未来推动开发区与城市互动发展的方向之一。

五　开发区与城市的互动具有差异化的发展道路

本书认为，受区位条件、资源要素禀赋、空间特征以及经济发展水平等差异影响，开发区与城市的互动发展道路可分为以产城融合构建城市新区、开发区群落整合与城市互补以及开发区群落与城市群落跨区域联动三类。为推动开发区与城市的良性互动，提出以下政策建议：打造新兴、特色产业集群，提升区域竞争力；实施创新驱动战略，建立区域创新体系；大力发展第三产业，构建现代服务业体系；完善基础设施建设和配套服务，提升城市功能；深化体制机制改革，推动开发区与城市一体化发展；注重生态环保，打造宜居宜业的生产生活环境。

第二节　进一步研究的若干思考

本书虽然对开发区与城市互动发展演化进程和机理，动力因子和运行机制，发展方式和路径等进行了积极探索，但无论是从理论研究深度还是实践研究经验来看，都有待于进一步完善。开发区与城市的互动发展作为区域经济学、人文地理学、城市经济学等领域共同关注的新问题，对其理论价值和研究进行深入探讨具有重要的学术意义；而作为中国新型工业化和新型城镇化的重要实现路径，继续深入对开发区与城市互动实践经验的归纳总结，对于两者关系的进一步发展仍具有重要的指导意义。因此，关于开发区与城市互动发展的进一步研究，可以从以下三个方面深入。

一　进一步深入开发区与城市互动发展问题的理论构建

本书以开发区与城市互动关系的演化机理和动力机制为突破口进行研究，构建起两者互动发展的动态数理模型和系统动力模型，只是对现有理论研究的较小领域探索，且理论研究更多地侧重从经济学角度对两者关系进行阐释，缺乏从区域空间结构、人口流动、社会功能等角度跨学科、深入、全面、系统分析，有待于更多领域的专家学者对这一问题从多角度进行探讨。

二 进一步深入开发区与城市互动发展问题的实证检验

本书尝试利用系统动力学中的仿真模拟方法，选择典型开发区的部分数据变量，对开发区与城市互动发展的运行机制和发展趋势进行分析，但囿于开发区数目众多、设立时间、发展水平等差异较大，相关开发区与城市的统计指标和数据较难获取或难以统一，无论是在技术层面还是在调查数据的覆盖面上均有一定的难度，因此本书仅以典型开发区的部分数据进行数理分析和仿真模拟，缺乏数据的覆盖性。在进一步实证研究中，将探索利用更多的计量统计方法对开发区与城市的互动关系、互动效应等进行检验。

三 进一步探索开发区与城市互动发展实践中的路径和对策研究

本书在开发区与城市互动发展的案例分析中，尝试总结了三类开发区与城市的互动方式，但我国开发区数量众多、分布较广、种类多样，其与城市的互动方式也是形态各异，所以对于两者的互动方式尚不能全部概括，有待于进一步分析、归纳、总结和完善。而对于发展路径和对策分析会随着时间的推移，国际国内政治经济环境的变化，工业化和城市化进程的不断推进等影响，不断发生变化，因此，应在动态实践中进一步探索符合实际的发展道路和政策建议。

参考文献

图书文献

鲍克：《中国开发区研究：入世后开发区微观体制设计》，人民出版社 2002 年版。

陈秋玲：《走向共生：基于共生关系的开发区发展路径依赖者》，经济管理出版社 2007 年版。

谷源洋：《世界经济开发区大观》，世界知识出版社 1993 年版。

顾朝林：《中国高技术产业与园区》，中信出版社 1998 年版。

何兴刚：《城市开发区的理论与实践》，陕西人民出版社 1995 年版。

黄建洪：《中国开发区治理与地方政府体制改革研究》，广东人民出版社 2014 年版。

姜杰：《体制变迁与制度设计——国家级经济技术开发区行政体制研究》，经济科学出版社 2008 年版。

冷希炎：《开发区理论创新与实践探索》，吉林大学出版社 2006 年版。

李旭：《社会系统动力学：政策研究的原理、方法和应用》，复旦大学出版社 2009 年版。

李镇远、吴冀林：《开发区建设管理理论与实践》，人民出版社

2010年版。

厉无畏、王振:《中国开发区的理论和实践》,上海财经大学出版社2004年版。

陆根尧、邵一兵、赵丹、何静、桂恒恒:《产业集聚与城市化互动发展的模式、机制及空间结构演化研究》,经济科学出版社2014年版。

罗小龙、梁晶、郑焕友:《开发区的第三次创业——从产业园区到城市新区》中国建筑工业出版社2014年版。

皮黔生、王恺:《走出孤岛:中国经济技术开发区概论》,生活·读书·新知三联书店2004年版。

王其藩:《系统动力学》,上海财经大学出版社2009年版。

王兴平:《开发区与城市的互动整合——基于长三角的实证分析》,东南大学出版社2013年版。

魏心镇、王缉慈:《新的产业空间:高技术产业开发区的发展与布局》,北京大学出版社1993年版。

杨先明:《发展阶段与国际直接投资》,商务印书馆2000年版。

郑国:《开发区发展与城市空间重构》,中国建筑工业出版社2010年版。

朱永新、刘伯高、杨树兵、薛晴:《中国开发区组织管理体制与地方政府机构改革》,天津人民出版社2001年版。

Davelear E. J., Nijkamp, *Regional Economic Analysis of Incubation and Incubation*, Avebury Gomer Publishing Campany Limited, 1991.

Park J. D., *The Special Economic Zones of China and their Impacts on Its Economic Development*, Greenwood Publishing Group, 1997.

学位论文

蔡宇飞:《基于开发区生命周期理论的国家级经开区与高新区发展

研究》，博士学位论文，华中科技大学，2013年。

洪燕：《开发区生命周期的研究——从制度演进的视角》，博士学位论文，复旦大学，2006年。

李建伟：《空间扩张视角的大中城市新区生长机理研究》，博士学位论文，西北大学，2012年。

李耀尧：《创新产业集聚与中国开发区产业升级研究》，博士学位论文，暨南大学，2011年。

刘宁：《大学园区对城市发展的影响研究》，博士学位论文，华东师范大学，2014年。

柳金红：《我国经济技术开发区经济运行效率研究》，博士学位论文，大连理工大学，2013年。

蒙吉军：《中国开发区土地利用优化配置的机制》，博士学位论文，北京大学，1999年。

唐晓宏：《上海产业园区空间布局与新城融合发展研究》，博士学位论文，华东师范大学，2014年。

王洪国：《基于协同视角的贸易投资一体化研究》，博士学位论文，武汉理工大学，2013年。

王蒙：《上海开发区与城市的互动发展研究》，硕士学位论文，华东师范大学，2013年。

王梦珂：《面向产业新城的开发区转型研究》，硕士学位论文，华东师范大学，2012年。

王霞：《东南沿海城市开发区空间区位及形态构成研究》，博士学位论文，同济大学，1997年。

王战和：《高新技术产业开发区建设发展与城市空间结构演变研究》，博士学位论文，东北师范大学，2006年。

向世聪：《基于产业集聚的园区经济研究》，博士学位论文，中南大学，2006年。

徐维祥：《产业集群与城镇化互动发展机制及运作模式研究》，博士学位论文，浙江大学，2005年。

许宁：《中国经济开发区发展研究》，博士学位论文，西南财经大学，2007年。

仉培宏：《特殊经济功能区的城市化空间效应》，博士学位论文，辽宁师范大学，2012年。

张贵先：《重庆市产业集群与城镇化互动发展模式研究》，博士学位论文，西南大学，2012年。

张弘：《长江三角洲开发区的城市化进程及其城市规划作用机制》，博士学位论文，同济大学，2001年。

张静：《大城市理性扩张中的新城成长模式研究》，博士学位论文，浙江大学，2007年。

张萍：《港城互动的系统动力学模型研究》，博士学位论文，河海大学，2006年。

张艳：《我国国家级开发区的实践及转型》，博士学位论文，同济大学，2008年。

赵效为：《大学城与城市互动发展的经济学分析》，博士学位论文，复旦大学，2005年。

期刊文献

安虎森：《增长极理论评述》，《南开经济研究》1997年第1期。

曹云：《共生思想及其在区域空间演化的应用——兼论开发区与城市空间的共生演化》，《人文杂志》2013年第3期。

陈畴镛、蔡小哩：《区域经济与第三方物流互动发展的系统动力学模型》，《数量经济技术经济研究》2005年第7期。

陈大雄、贺正楚：《产业集群与我国高新技术产业开发区的发展》，《技术经济》2004年第3期。

陈鸿、刘辉、张俐、王洁新：《开发区产业集聚及产城融合研究——以乐清市为例》，《城市发展研究》2014年第1期。

陈家祥：《国家高新区功能演化与发展对策研究——以南京高新区为例》，《人文地理》2009年第2期。

陈家祥：《南京城市开发区群对南京城市发展的影响分析》，《科技进步与对策》2009年第11期。

陈抗、郁明华：《城市边缘区与中心区的竞争合作关系演进研究》，《现代城市研究》2006年第6期。

陈彦光、周一星：《城市化Logistic过程的阶段划分及其空间解释——对Northam曲线的修正与发展》，《经济地理》2005年第6期。

陈彦光、周一星：《中国城市化过程的非线性动力学模型探讨》，《北京大学学报》（自然科学版）2007年第4期。

陈益升、湛学勇、陈宏愚：《中国两类开发区：比较研究》，《中国科技产业》2002年第7期。

陈永忠：《我国建立高新技术产业开发区的经验和问题》，《中国工业经济》1996年第12期。

陈振光、姚士媒：《全球经济一体化与城市体系发展趋势》，《城市规划汇刊》2001年第1期。

程慧、刘玉亭、何深静：《开发区导向的中国特色"边缘城市"的发展》，《城市规划学刊》2012年第6期。

丁悦、蔡建明、杨振山：《中国城市开发区研究综述及展望》，《工业经济论坛》2015年第1期。

范纯增、姜虹：《产业集群间互动发展的动力机制、合争强度与效应——以长三角医药产业集群为例》，《经济地理》2011年第8期。

冯奎：《中国新城新区转型发展趋势研究》，《经济纵横》2015年第

4期。

冯晓星、赵民：《论苏、锡、常经济技术开发区的协调发展》，《城市规划汇刊》2004年第1期。

冯章献、王士君、张颖：《中心城市极化背景下开发区功能转型与结构优化》，《城市发展研究》2010年第7期。

何芳、张磊：《开发区土地集约利用评价指标理想值的确定——以上海市19个开发区为例》，《城市问题》2013年第4期。

何磊、陈春良：《苏州工业园区产城融合发展的历程，经验及启示》，《税务与经济》2015年第2期。

何书金：《开发区建设中的土地开发利用问题与对策》，《地理科学进展》1999年第4期。

胡军：《广州经济技术开发区产业结构问题初探》，《开放时代》1986年第2期。

黄大全、林坚、毛娟、晋珍璐：《北京经济技术开发区工业用地指标研究》，《地理与地理信息科学》2005年第5期。

黄群慧：《"新常态"，工业化后期与工业增长新动力》，《中国工业经济》2014年第10期。

黄小斌：《试论我国高技术开发区布局》，《经济地理》2000年第6期。

姜鑫、罗佳：《从区位理论到增长极和产业集群理论的演进研究》，《山东经济》2009年第1期。

蒋万芳、邓毛颖、肖大威：《基于区市合一战略的增城经济技术开发区发展方略》，《城市问题》2012年第7期。

金祥荣、朱希伟：《专业化产业区的起源与演化——一个历史与理论视角的考察》，《经济研究》2002年第8期。

李俊莉、王慧、郑国：《开发区建设对中国城市发展影响作用的聚类分析评价》，《人文地理》2006年第4期。

李淑杰、宋丹、刘兆顺、窦森：《开发区土地集约利用的区域效应分析——以吉林省中部开发区为例》，《中国人口．资源与环境》2012年第1期。

李涛：《协同创新过程中多阶段竞争与合作的共生演化研究》，《技术经济与管理研究》2015年第6期。

李扬、张晓晶：《"新常态"：经济发展的逻辑与前景》，《经济研究》2015年第5期。

连远强：《集群与联盟，网络与竞合：国家级扬州经济技术开发区产业创新升级研究》，《经济地理》2013年第3期。

梁运斌：《世界经济开发区的演进，类型及功能分析》，《国外城市规划》1994年第1期。

刘衡、王龙伟、李垣：《竞合理论研究前沿探析》，《外国经济与管理》2009年第9期。

刘荣增、王淑华：《城市新区的产城融合》，《城市问题》2013年第6期。

刘士林、刘新静、孔铎等：《2015中国大都市新城新区发展报告》，《中国名城》2016年第1期。

刘友金、袁祖凤、周静、姜江：《共生理论视角下产业集群式转移演进过程机理研究》，《中国软科学》2012年第8期。

刘重力、刘安军、邵敏：《开发区对区外母城经济增长溢出效应研究——刘重力》，《南开经济研究》2010年第3期。

龙花楼、蔡运龙、万军：《开发区土地利用的可持续性评价——以江苏昆山经济技术开发区为例》，《地理学报》2000年第6期。

芦彩梅、梁嘉骅：《产业集群协同演化模型及案例分析——以中山小榄镇五金集群为例》，《中国软科学》2009年第2期。

陆根尧、符翔云、朱省娥：《基于典型相关分析的产业集群与城市化互动发展研究——以浙江省为例》，《中国软科学》2011年第

12期。

罗守贵、金芙蓉：《都市圈内部城市间的共生机制》，《系统管理学报》2012年第5期。

罗小龙、郑焕友、殷洁：《开发区的"第三次创业"：从工业园走向新城》，《长江流域资源与环境》2011年第7期。

马丽莎、钟勇：《高新技术开发区综合效率与城市经济发展互动效应研究》，《经济体制改革》2015年第3期。

马野驰、祝滨滨：《产城融合发展存在的问题与对策研究》，《经济纵横》2015年第5期。

马有才、赵映超、杨洋：《高新技术产业集群与创新型城市建设的互动发展——基于系统动力学的角度》，《科技进步与对策》2010年第18期。

买静、张京祥、陈浩：《开发区向综合新城区转型的空间路径研究——以无锡新区为例》，《规划师》2011年第9期。

孟广文、王洪玲、杨爽：《天津自由贸易试验区发展演化动力机制》，《地理学报》2015年第10期。

庞博慧：《中国生产服务业与制造业共生演化模型实证研究》，《中国管理科学》2012年第2期。

唐承丽、唐凯、周国华 等：《论长株潭城市群开发区的整合发展》，《经济地理》2012年第3期。

王方：《我国高新区政策变迁历程及发展趋势研究——基于中国1984—2011年高新区政策的考察》，《科技进步与对策》2013年第12期。

王峰玉、吴怀静、魏清泉：《现阶段我国开发区几个战略问题的思考》，《地域研究与开发》2006年第1期。

王宏伟、袁中冰：《城市化的开发区模式研究》，《地域研究与开发》2004年第2期。

王慧:《开发区发展带动下的西安城市扩张——一种"非典型性"郊区化进程》,《中国软科学》2007 年第 10 期。

王慧:《开发区发展与西安城市经济社会空间极化分异》,《地理学报》2006 年第 10 期。

王慧:《开发区与城市相互关系的内在肌理及空间效应》,《城市规划》2003 年第 3 期。

王慧:《开发区与城市相互关系的内在肌理及空间效应》,《城市规划》2003 年第 3 期。

王缉慈、陈平、马铭波:《从创新集群的视角略论中国科技园的发展》,《北京大学学报》(自然科学版) 2010 年第 1 期。

王缉慈:《高新技术产业开发区对区域发展影响的分析构架》,《中国工业经济》1998 年第 3 期。

王缉慈:《关于发展创新型产业集群的政策建议》,《经济地理》2004 年第 4 期。

王缉慈:《关于中国产业集群研究的若干概念辨析》,《地理学报》2004 年第 12 期。

王家庭、杨禄:《中国开发区发展动力的演化阶段及实现机制》,《学习与实践》2013 年第 2 期。

王文滋:《再论我国经济技术开发区城市化功能开发》,《城市开发》1999 年第 1 期。

王兴平、崔功豪:《中国城市开发区的区位效益规律研究》,《城市规划汇刊》2003 年第 3 期。

王兴平、顾惠:《我国开发区规划 30 年——面向全球化、市场化的城乡规划探索》,《规划师》2015 年第 2 期。

王兴平、许景:《中国城市开发区群的发展与演化——以南京为例》,《城市规划》2008 年第 3 期。

王兴平:《中国开发区空间配置与使用的错位现象研究——以南京

国家级开发区为例》,《城市发展研究》2008年第2期。

王雄昌:《我国开发区转型的机制与动力探析》,《现代经济探讨》2010年第10期。

王学锋:《试论开发区规划管理的几个问题》,《城市规划》2003年第11期。

王战和、许玲:《高新技术产业开发区与城市社会空间结构演变》,《人文地理》2006年第2期。

魏伟忠、张旭昆:《区位理论分析传统述评》,《浙江社会科学》2005年第5期。

邬冰、王亚丰、佟玉凯:《中国沿边口岸与城市腹地互动机理研究》,《城市发展研究》2012年第9期。

吴兵、王铮:《城市生命周期及其理论模型》,《地理与地理信息科学》2003年第1期。

吴燕、陈乘幸:《高科技园区的合理规模研究》,《城市规划汇刊》2004年第9期。

夏文元:《论开发区与区域开发》,《浦东开发》1997年第9期。

向世聪:《园区经济与城市经济互动发展研究文献综述》,《湖南社会科学》2010年第2期。

杨东峰、殷成志、史永亮:《从沿海开发区到外向型工业新城——1990年代以来我国沿海大城市开发区到新城转型发展现象探讨》,《城市发展研究》2006年第4期。

叶昌东、周春山:《城市新区开发的理论与实践》,《世界地理研究》2010年第4期。

衣保中、张洁妍:《东北亚地区"一带一路"合作共生系统研究》,《东北亚论坛》2015年第3期。

尤振来、刘应宗:《西方产业集群理论综述》,《西北农林科技大学学报:社会科学版》2008年第2期。

于斌斌、胡汉辉:《产业集群与城市化共生演化的机制与路径——基于制造业与服务业互动关系的视角》,《科学学与科学技术管理》2014年第3期。

曾鹏:《生态学视野下的城市成长研究——基于种间竞争的城市"寄生"与"共生"》,《城市问题》2007年第6期。

仉培宏、韩增林:《特殊经济功能区在城市创新体系中的作用——以大连为例》,《国土与自然资源研究》2012年第1期。

张弘:《开发区带动区域整体发展的城市化模式——以长江三角洲地区为例》,《城市规划汇刊》2001年第6期。

张荣、傅绶宁:《试论城市开发区群体的合理布局与协调管理》,《城市规划》1997年第3期。

张晓平、刘卫东:《开发区与我国城市空间结构演进及其动力机制》,《地理科学》2003年第2期。

张晓平、陆大道:《开发区土地开发的区域效应及协同机制分析》,《资源科学》2002年第5期。

张艳:《超越规模之争——论开发区的空间发展与转型》,《城市规划》2009年第11期。

张艳:《国家经开区与高新区的政策渊源探究及反思》,《城市规划学刊》2011年第3期。

张艳、赵民:《论开发区的政策效用与调整——国家经济技术与高新技术产业开发区未来发展探讨》,《城市规划》2007年第7期。

张越、叶高斌、姚士谋:《开发区新城建设与城市空间扩展互动研究——以上海、杭州、南京为例》,《经济地理》2015年第2期。

张志胜:《国内开发区管理体制:困顿及创新》,《经济问题探索》2009年第4期。

郑国:《经济技术开发区区域带动效应研究》,《地域研究与开发》2007年第2期。

郑国：《开发区职住分离问题及解决措施——以北京经济技术开发区为例》，《城市问题》2007年第3期。

郑国、孟婧：《边缘城市的北京案例研究》，《城市规划》2012年第4期。

郑国、张延吉：《基于要素演替的国家级开发区转型研究》，《经济地理》2014年第12期。

郑国：《中国开发区发展与城市空间重构，意义与历程》，《现代城市研究》2011年第5期。

郑国、周一星：《北京经济技术开发区对北京郊区化的影响研究》，《城市规划学刊》2005年第6期。

郑静：《城市开发区发展的生命周期：兼论广州开发区现状及其持续发展策略》，《城市发展研究》1999年第1期。

周向红、谢守红：《长江三角洲开发区的产业结构分析与评价》，《上海经济研究》2002年第3期。

朱传军、卢新海、韩长生：《基于模糊积分的开发区土地经济效益评价》，《中国土地科学》2009年第5期。

朱彦恒、张明玉、曾维良：《开发区产业发展的耦合机理》，《科学学与科学技术管理》2006年第10期。

朱彦恒、张明玉、曾维良：《中国经济技术开发区生命周期规范研究》，《科学学与科学技术管理》2006年第7期。

邹伟勇等：《国家级开发区产城融合的动态规划路径》，《规划师》2014年第6期。

David Neumark, Jed Kolko, "Do Enterprise Zones Create Jobs? Evidence from California's Enterprise Zone Program", *Journal of Urban Economics*, (68), 2010.

Fukugawa N., "Science Parks in Japan and Their Value-added Contributions to New Technology-based Firms", *International Journal of In-*

dustrial Organization, 24 (2), 2006.

Gaubatz P., "China's Urban Transformation: Patterns and Processes of Morphological Change in Beijing, Shanghai and Guangzhou", *Urban Studies*, 36 (9), 1999.

Hansson F., Hustred K., Vest Ergaatd J., "Second Generation Science Parks: From Structural Holes Jockeys to Social Technovation Capital Catalysts of the Knowledge Society", *Journal of Business Venturing*, 25 (9), 2005.

Hudson R., "Labour-market Changes and New Forms of Work in Old Industrial Regions: Maybe Flexibility for Some but not Flexible Accumulation", *Environment and Planning D: Society and Space*, 7 (1), 1989.

John C., Hama, Charles Swenson, "Government Programs can Improve Local Labor Markets: Evidence from State Enterprise Zones, Federal Empowerment Zones and Federal Enterprise Community", *Journal of Public Economics*, (95), 2011.

Lin G. C. S., "Metropolitan Development in a Transitional Socialist Economy: Spatial Restructuring in the Pearl River Delta, China", *Urban Studies*, 38 (3), 2001.

Markusen A., "Sticky Places in Slippery Space: A Typology of Industrial Districts", *Economic Geography*, 1996.

Mustrapha S. J., Armas E. B., " A Review of the Role and Impact of Export Processing Zones in World Trade: The Case of Mexico", International Conference: Exchange Rates, Economic Integration and the International Economy Papers, 2002.

Nobuya Fukugawa, "Science Parks in Japan and Their Value-added Contributions to New Technical Based Firms", *International Journal of In-*

dustrial Organization, 2006, (24).

Ratinho T., Henrioues E., "The Role of Science Parks and Business Incubators in Converging Countries: Evidence from Portugal", *Technovation*, 30 (4), 2010.

Schmenner R., "Multiplan Manufacturing Strategies among the Fortune 500", *Journal of Operations Management*, 2 (2), 1982.

Storper M., Scott A. J., "Work Organisation and Local Labour Markets in an Era of Flexible Production", *Int'l Lab. Rev.*, 1990.

Tan J., "Growth of Industry Clusters and Innovation: Lessons from Beijing Zhongguancun Science Park", *Journal of Business Venturing*, 21 (6), 2006.

Vedovello C., "Science Parks and University-industry Interaction: Geographical Proximity Between the Agents as a Driving Force", *Technovation*, 17 (9), 1997.

后　记

　　本书选题缘起于2013年9月一次吉林省开发区转型升级状况的调查研究。我国的开发区建设经过四十多年的建设发展即取得了举世瞩目的成就，为工业化和城市化进程的推进以及经济社会的发展作出了突出的贡献，堪称中国崛起的一项奇迹。在调研过程中，作为一名初涉研究的博士生，我既感受到发展成熟开发区的繁华与活力，正以惊人的速度超越边界实现与城市的共生融合，也看到处于成长或凋敝阶段开发区的空旷与荒凉，正在经历成长与竞争过程中的阵痛。这种特殊经济功能区在经济社会发展过程中的巨大反差吸引了我，促使我投入开发区建设及其与城市关系的研究之中。对于复杂系统的运行和演化是我进入到博士阶段以来理论研究的兴趣所在，尽管受个人能力、研究视野和时间所限，对于理论的运用和理解尚显稚嫩，但能将其与开发区与城市建设的实践相融合，用于解释指导二者的运行演化机理和发展路径，足以令我兴奋。据此，我以《开发区与城市互动发展问题研究》为题，完成了博士论文并通过毕业答辩。

　　2016年9月，我先后进入东北师范大学应用经济学博士后流动站、吉林财经大学金融学院从事教学科研工作。在工作中，我继续投入了大量精力在开发区与城市的深入研究中，并获得了吉林省

"十三五"智库规划基金项目"吉林省设立自由贸易试验区研究"（2017JLSZKZB011）和"吉林省开发区转型升级问题研究"（2018JLSZKB008），吉林省社科基金项目"多主体协同的吉林省边境县域经济内生发展动力机制研究"（2018BS83）和"金融支持吉林省城乡融合的机制及路径研究"（2020B035），延吉市委宣传部委托项目"延吉市文化产业规划"等项目支持。在多项课题研究支撑下，我就相关重点问题进行了深入的专题研究，并开展了大量实地考察及调研分析工作，形成了一批学术论文及咨询报告等中间成果。其中，《在"一带一路"战略下推进中国吉林自由贸易试验区设立的建议》《以开发区转型升级培育改革开放高地推动全省经济高质量发展》等报告获得省级领导肯定性批示，并获得吉林省第十二届社会科学优秀成果奖研究报告类三等奖、长春市第八届市社科优秀成果奖研究报告类二等奖等奖项。

  本专著以我的博士论文为基础，并结合近年来的相关研究成果进行了深入加工及完善，力求对开发区与城市发展的理论和实践问题开展探索，是对我近期科研工作的一次总结。专著得到我的工作单位——吉林财经大学资助出版，在此表示诚挚谢意。

  路漫漫其修远兮，吾将上下而求索！在当前国家大力推进新型城镇化、乡村振兴并着力实现城乡融合发展的背景下，探索开发区与城市经济社会互动共生发展，以开发区和城市内生发展动力机制和循环体系的构建，推动形成以国内大循环为主体、国内国际双循环相互促进的新发展格局具有一定的现实意义。但有关开发区与城市发展问题的研究仍处于探索阶段，虽然笔者提出了初步的理论设想和理论框架，但由于该问题涉及区域经济学、演化经济学、城市经济学、系统科学等诸多内容，因而具有一定的学科交叉性和研究复杂性。受个人能力所限，本书仍有诸多不尽如人意之处，敬请批评指正。另外，在研究过程中，参考和选用了国内外大量文献资料，吸收了众多专家学者的研究成果，并尽可能在参考文献、注释中列举，如有遗漏，敬请谅解，在此表示诚挚的谢意。

张洁妍

2020年11月于吉林长春